LE VOYAGE DE MISS NORMA

Avant de commencer le voyage, Tim Bauerschmidt rénovait des maisons et Ramie Liddle était conseillère d'orientation dans un lycée. Ils ont choisi de reprendre une vie normale avec leur chien, Ringo. Le couple aime toujours voyager et explorer la nature – que ce soit à pied, en kayak ou en voiture.

TIM BAUERSCHMIDT
ET RAMIE LIDDLE

Le Voyage de Miss Norma

Il n'est jamais trop tard pour se lancer

TRADUIT DE L'ANGLAIS (ÉTATS-UNIS) PAR NADÈGE DULOT

JC LATTÈS

Titre original :

DRIVING MISS NORMA
Publié par Harper One,
un département de HarperCollins Publishers, New York.

Carte pages 8-9 de David Lindroth Inc.

ISBN : 978-2-253-25749-3 – 1re publication LGF

Pour Maman, Papa et Pinky.

CANADA
WASHINGTON
OREGON
IDAHO
MONTANA
NORTH DAKOTA
SOUTH DAKOTA
WYOMING
NEVADA
UTAH
COLORADO
NEBRASKA
KANSAS
CALIFORNIA
ARIZONA
NEW MEXICO
OKLAHOMA
TEXAS
MEXICO
BAJA CALIFORNIA
Sea of Cortez
PACIFIC OCEAN
54 Friday Harbor
52 Winthrop
Anacortes 53
51 Mammoth Hot Springs
Yellowstone NP 10
Rapid City 7
6 Wall
Ten Sleep 9
Keystone 8
Mitchell 5
11 Cheyenne
Rocky Mountain NP 12
13 Estes Park
14 Boulder
55 San Francisco
Grand Canyon NP 17
Los Angeles 56
Chino Valley 15
Prescott 16
18 Gallup
19 Jemez Pueblo
20 Albuquerque
57 Mulegé
0 MILES 400
0 KM 400

CANADA
Lake Superior
MINNESOTA
WISCONSIN
MICHIGAN
Lake Michigan
Lake Huron
L. Ontario
Lake Erie
MAINE
VT
NH
MA
CT
RI
NEW YORK
NJ
PENNSYLVANIA
MD
DE
IOWA
ILLINOIS
INDIANA
OHIO
WEST VIRGINIA
VIRGINIA
MISSOURI
KENTUCKY
NORTH CAROLINA
TENNESSEE
SOUTH CAROLINA
ARKANSAS
MISSISSIPPI
ALABAMA
GEORGIA
LOUISIANA
FLORIDA
Gulf of Mexico
ATLANTIC OCEAN
2 Mackinaw City 50
1 Presque Isle 49
4 Blue Earth
3 Green Bay
Detroit 48
47 Zelienople
Pittsburgh 46
Bar Harbor 44
Freeport 43
Lake George 45
42 Winthrop
Foxborough 41
40 Philadelphia
39 Newport News
Graham 38
37 Mebane
36 Dahlonega
Marietta 34
Atlanta 35
33 Charleston
Bluffton 32
31 Hilton Head Island
Savannah 30
29 Tybee Island
28 Saint Augustine Beach
22 Destin
27 Orlando
21 New Orleans
Tarpon Springs 23
26 Cape Canaveral
Captiva Island 25
Fort Myers Beach 24

PROLOGUE

Home, sweet home

Basse-Californie, Mexique
Février

TIM

Pour des nomades comme nous, la notion de « chez soi » est toute relative. Le nôtre, c'est un coin de plage au Mexique, loin des sentiers balisés, entre la roche volcanique dentelée des terres de Basse-Californie et les eaux azur de la mer de Cortez. Chaque hiver, sur ce petit coin de planète, nous décrochons notre caravane pour nous reposer quelques mois.

En une belle matinée de la fin février, nous avons gagné la mer aux aurores. Assis à l'avant de la planche de Ramie, Ringo, notre grand caniche de trente-trois kilos, se laissait taquiner par les dauphins qui le défiaient de plonger avec eux. De leurs évents s'échappait une fine brume à contre-jour du soleil levant au milieu d'un ballet d'une beauté à couper le souffle. Je sentais sur mes lèvres le goût salé de leurs expirations. Les balbuzards et les fous de Bassan pêchaient leur petit déjeuner en piqué tandis que, sous nos planches, un requin baleine engouffrait tout son soûl de plancton. Puis le soleil s'est enfin montré au-dessus des montagnes, déversant sur la baie de Concepción un voile diaphane et doré.

Plus tard, nous nous sommes laissé flotter dans l'eau avec d'autres habitants saisonniers de la plage. Nos muscles et notre humeur se relâchant, la conversation a pris des accents philosophiques. Nous avons abordé le sujet du vieillissement en général, et celui de nos parents en particulier. Nous nous projetions dans un futur que nous pensions très lointain, échafaudant des stratégies pour y faire face.

Jan, la mère de Ramie, vivait en Pennsylvanie, et mes parents, Leo et Norma, au nord du Michigan. Que ferions-nous s'ils devenaient dépendants ? Quand serait-il temps de prendre les décisions à leur place, et comment nous y prendrions-nous ? Quel type d'établissement faudrait-il choisir ? Quelles étaient leurs directives anticipées ? Leurs espoirs, leurs peurs ? La mère de Ramie était très sociable, une joueuse de bridge invétérée ; elle s'accommoderait sûrement très bien de la vie en maison de retraite. Mes parents, eux, avaient vécu pratiquement toute leur vie dans leur jardin, leurs habitudes étaient gravées dans le marbre ; ils seraient malheureux dans un tel endroit.

En règle générale, grands voyages et parents âgés ne sont pas conciliables. J'avais toujours cru que Stacy, mon unique sœur, s'occuperait d'eux le moment venu, mais elle avait succombé à un cancer huit ans auparavant.

— Bon, a conclu Ramie. On n'a pas besoin de résoudre le problème aujourd'hui. On a le temps. Ils sont encore en bonne santé. Profitons de l'instant présent.

Ainsi, j'ai mis de côté mes peurs et mes interrogations en pensant, ou du moins en espérant, que j'avais le temps.

*

Nous n'avons pas toujours vécu sur la route, mais ce mode de vie simple et sans attaches nous a toujours attirés. Quand nous nous sommes rencontrés, Ramie et moi avons fait le calcul : à nous deux, nous avions vécu dans quatorze États. Le destin a fait que nous nous étions trouvés au même endroit au même moment.

J'étais un autodidacte, un entrepreneur dans le bâtiment. Avec mon vieux pick-up, je parcourais le pays pour rénover des maisons. Ramie était consultante dans le secteur associatif ; par le passé, elle avait travaillé sur des bateaux de croisière et dans des hôtels pour financer ses envies de voyage. Nous avions tous deux perdu très jeunes des êtres chers. Ayant eu notre lot de chagrins, nous étions en quête de sens plutôt que d'un salaire. Nous aspirions à une vie loin des sentiers battus, libérés des contraintes matérielles, financières et familiales.

Notre vie a définitivement changé quand Sandy, la sœur de Ramie, nous a appelés du Maryland pour nous offrir une vieille Airstream, une de ces caravanes en aluminium tout en rondeurs. Nous étions à près de trois mille kilomètres de là, dans le Colorado, sans véhicule pour la remorquer, mais nous étions plus qu'intéressés. Avec un pick-up Chevrolet d'emprunt, nous avons alors roulé vers l'est pour admirer notre cadeau. J'avais quarante-cinq ans, et nous étions fatigués des nuits sous la tente à même le sol. Nous réalisions enfin notre rêve de nous installer dans le confort d'une maison mobile.

C'était une vieille caravane, mais l'intérieur avait été rafraîchi ; elle avait une petite cuisine et des toilettes. J'ai passé la main sur la carrosserie battue par les éléments ; ses courbes légendaires réchauffées par le soleil de juillet éveillaient en moi une trépidation :

— Ça va être fantastique ! ai-je dit à Ramie.

La route du retour a été notre galop d'essai. Chaque jour, notre plus grande décision était de choisir un endroit où nous arrêter pour la nuit. Nous nous sommes surpris à prendre nos aises dans l'espace que nous offrait cette nouvelle liberté.

À notre retour dans le Colorado, Ramie a échangé notre précieuse décapotable pour un pick-up rouge avec un crochet d'attelage, et nous sommes partis à la découverte de notre nouvelle vie. Nous utilisions notre caravane le plus possible.

Il a suffi d'un seul hiver pour nous décider à migrer vers des températures plus clémentes en attendant les jours plus longs et plus ensoleillés. Nous avions retapé une vieille cabane de pêcheur dans le nord du Michigan, près de la maison de mes parents, mais elle ne convenait que pour les séjours estivaux. Nous avions beau charger du bois dans l'antique poêle rouillé, l'intérieur perdait toute sa chaleur en quelques heures

– ni les murs ni le plafond n'étaient isolés. Avec Jack, notre berger allemand de l'époque, nous passions nos nuits à grelotter sous les couvertures. Je rêvais alors d'une belle plage baignée de soleil où j'avais déjà campé plusieurs fois au milieu des années 1990. C'est à ce moment-là que nous avons choisi d'installer nos quartiers d'été dans la péninsule de Basse-Californie au Mexique.

Lors de notre première saison là-bas, nous avons beaucoup appris sur l'autonomie en camping-car. Nous nous sommes tournés vers l'énergie solaire grâce à un petit panneau capable d'alimenter une batterie que nous utilisions avec parcimonie. Ampères, watts et autres termes électriques sont devenus des incontournables du quotidien, une leçon que nous avons apprise dans la douleur quand les ampoules se sont mises à clignoter un soir, signalant que nous étions à court de jus.

Les économies d'eau sont aussi devenues primordiales, car nous devions aller la chercher dans un village de pêcheurs à trente minutes au nord. En l'absence d'un lieu dédié à la vidange des eaux usées, nous utilisions les latrines creusées à la main dont la plage était parsemée. Pour la toilette, nous avions notre douche solaire et notre hula-hoop, duquel pendait un rideau étanche, en équilibre entre la portière et le toit de la voiture.

Malgré le peu de confort, la Basse-Californie attirait des gens du monde entier, comme Jelle et Deb, navigateurs et chanteurs de folk canadiens. L'été, ils vivaient dans leur bateau à voile ancré à Maple Bay près de l'île de Vancouver ; l'hiver, ils s'installaient sur la plage dans une petite caravane vintage sans toilettes. Chris et Bessy, des informaticiens à la retraite qui avaient vécu en Afrique du Sud, partageaient leur temps entre l'État de New York, San Francisco et le Mexique. Il y avait aussi « Papa Wayne », le père Noël le plus populaire de Colombie-Britannique au Canada. Il n'arrivait qu'après les fêtes de Noël, bien sûr. Et comment oublier Pedro et Janet, le Monsieur Loyal haut en couleurs de concours hippiques internationaux et sa femme, dresseuse de chevaux hollandaise ? Pedro avait beau vivre sur une plage, il n'avait pas renoncé à ses goûts de luxe pour autant. Ces habitués qui venaient chaque année étaient surtout originaires d'Amérique du Nord, mais beaucoup d'autres voyageurs s'arrêtaient là avant de se rendre sur le continent avec le ferry de La Paz, un peu plus au sud.

Nos journées commençaient toujours très tôt avec une balade en kayak autour de l'île la plus proche, à deux kilomètres de la côte. Profitant de la quiétude matinale, nous nous laissions flotter en attendant que le soleil se levât au-dessus de la péninsule montagneuse. Nous prenions un petit déjeuner rapide – un yaourt avec des fraises cultivées localement – avant de rejoindre un groupe pour une randonnée de quatre kilomètres et demi. Nous montions dans les hauteurs, puis traversions le désert venteux par un sentier qui nous ramenait vers la baie. Après nous être mis au courant des derniers potins sur le chemin de notre caravane, nous décidions de ce que nous allions faire : de la planche à rame, de la nage, une autre randonnée plus longue ou peut-être une visite à des amis.

Nous évitions tous de parler de politique et de religion et fuyions les nouvelles du monde, même si ce n'était que pour quatre ou cinq mois. Nous parvenions à créer des liens authentiques avec ces autres nomades qui nous ressemblaient. Cela n'avait rien à voir avec les quartiers et les villes où nous avions vécu, et où il avait été difficile de se faire des amis. Ici, pas d'embouteillages, pas d'informations, pas d'horloge à surveiller. Les gens pouvaient tout simplement exister avec la terre, avec les autres, avec eux-mêmes. Nous y avions notre place.

La cabane au bord du lac nous a appartenu trois ans, mais nous avons passé deux de ces trois hivers sur notre coin de plage au Mexique. Après avoir vendu la bicoque, nous avons acheté une Airstream plus grande et passé l'hiver suivant en Floride. Ramie y a préparé un master pour devenir conseillère d'orientation. Nous avons ensuite pris la direction du Colorado pour son stage, avant de nous fixer à Prescott, dans l'Arizona. Là-bas, nous avons vécu dans notre caravane jusqu'à ce que nous trouvions une maison à rénover.

La grande Airstream était très agréable, mais nous voulions voyager, explorer et nous sentir plus proches de la nature. Ce mastodonte était si encombrant que nous avons fini par devenir de plus en plus sédentaires. Prenant conscience du problème, Ramie et moi avons décidé de nous contenter d'une plus petite Airstream. Cela nous convenait mieux. Nous nous sommes alors mis à voyager plusieurs mois d'affilée, souvent pendant la basse saison afin de profiter des parcs nationaux et autres attractions sans croiser les foules. Désormais en compagnie de notre chiot Ringo, nous partions pour des périodes de plus en plus longues – des étés entiers, six mois ou plus.

Nous étions si souvent sur les routes que notre maison en Arizona était la plupart du temps inoccupée. Quand Ramie travaillait, nous voyagions dans le sud-ouest des États-Unis pendant les vacances scolaires pour explorer des endroits comme le Grand Canyon, la Vallée de la mort, et les parcs nationaux de Bryce Canyon et de Zion. L'été, nous allions voir des amis dans le Tennessee et en Caroline du Nord, et nous retrouvions Sandy, grâce à qui tout avait commencé, dans le sud du Maryland. Nous nous arrêtions toujours dans le nord du Michigan en allant vers l'est du pays.

Durant notre année sabbatique de 2011, nous avons sillonné le pays en long, en large et en travers. Nous avons parcouru les États du Nevada, de l'Idaho et du Montana où nous avons visité respectivement le Grand Bassin, le chaînon de Sawtooth et le parc national de Glacier. Nous avons ensuite gagné la côte Ouest et longé l'océan Pacifique, de l'Oregon vers la Californie et son fameux *Highway 1*, jusqu'à la frontière mexicaine. Après l'hiver en Basse-Californie, nous avons passé le printemps et l'été à voyager dans l'est, le sud et enfin, le nord des États-Unis jusqu'au Maine, avant de rentrer en Arizona.

Nous aimions tant nicher notre caravane entre les rochers du parc national des Arches dans l'Utah et partir en randonnée aux aurores avant l'arrivée des foules et de la chaleur, ou nous installer à l'écart, dans un bosquet de séquoias en Californie du Nord et dormir sous une canopée d'arbres millénaires et la voûte céleste immémoriale.

Nous nous faisions des amis là où nous avions nos habitudes et nous rendions visite à nos copains du Mexique. En Californie, nous séjournions à Avery, sur les terres de John et Lori, dans les hauteurs de la Sierra Nevada. Nous installions la caravane dans le canyon qui longe une rivière appelée Love Creek. Une année, nous sommes arrivés pendant la récolte des pommes, alors nous avons retroussé nos manches et participé à la transformation artisanale de plus de neuf cents kilos de fruits en un jus sucré : passage dans un broyeur en fer puis dans un pressoir en bois, filtrage et mise en bouteille.

Une autre année, nous sommes rentrés à Prescott pour Pâques. Comme nous avions loué notre maison, nous avons installé la caravane sur le ranch de quinze hectares de notre amie Kasie à Williamson Valley. Tôt un dimanche, elle nous a surpris en venant nous demander un coup de main. Nous tombions à pic pour récolter la semence de Morgan, son magnifique étalon. Quelques instants plus tard, nous aidions Kasie à assembler, manœuvrer et régler la température d'un tout nouveau vagin équin artificiel.

Nous avons appris à être plus flexibles, à faire preuve de tolérance envers nous-mêmes et envers les autres sur la route. Nous n'avions pas vraiment le choix : organiser nos voyages en fonction des stations de vidange gratuites (que notre GPS ne repérait pas toujours) et des retards pris dans les petites villes (à cause d'un défilé, d'un marathon ou de travaux) exige d'avoir l'esprit ouvert et libre. L'inventaire des choses que nous oubliions inévitablement à la maison nous obligeait à trouver des solutions créatives aux problèmes que posaient certaines tâches. Sans oublier nos rencontres avec des bébés coyotes, des élans, des ours, des papillons migrateurs ainsi qu'avec une dame en talons hauts promenant son cochon au milieu d'un camping et portant un sweat-shirt imprimé assorti à celui du pourceau. Peu importe l'expérience et la préparation, voyager apprend à s'attendre à l'inattendu et à l'embrasser.

Bien sûr qu'à force, nous étions un peu lassés de la route, mais le jeu en valait la chandelle. Être capable de prendre à bras le corps des projets farfelus, souvent avortés, c'est aussi être ouvert aux expériences que l'on aurait manquées autrement. Certaines nuits, nous étions réveillés par les saumons qui frayaient à quelques mètres de notre fenêtre ; d'autres nuits, nous décidions de faire de la planche à la pleine lune, toujours inspirés par sa beauté. Les projets contrariés, c'était aussi l'opportunité d'apprécier à quel point nous sommes peu de chose sous le bleu profond du ciel immense de l'Ouest américain. À l'occasion de courses au supermarché, il nous arrivait de laisser libre cours à notre fantaisie enfantine, Ramie se tenant à l'arrière d'un caddie plein à ras bord tandis que je la poussais à pleine vitesse sur le parking jusqu'à la caravane, une joie pure affleurant dans son rire.

La simplicité de cette vie sur les routes et cette liberté étaient pour Ramie et moi un antidote contre les angoisses de la vie moderne. Moins de possessions, c'était moins d'obligations et moins d'inquiétudes. Se réveiller et s'endormir, non pas aux injonctions de l'horloge, mais au gré du soleil ; marcher, jouer, lire et manger à notre rythme, c'était – et c'est toujours – la beauté de notre vie de nomades.

Comme des roseaux dans le vent, nous étions libres et flexibles, et le Mexique était notre point de repère. L'acquisition inattendue de notre caravane nous avait appris comment vivre : l'œil et le cœur ouverts à ce que la vie nous propose.

*

Nous avions eu quinze occasions de parler à mes parents de leurs souhaits. Quinze, c'était le nombre de fois où Ramie m'avait accompagné lors de mon pèlerinage annuel dans le Michigan rural. Quand elle est venue avec moi pour la première fois, mes parents avaient environ soixante-quinze ans – c'était peut-être un peu tôt pour la fameuse conversation. La question ne nous avait jamais effleurés. Après tout, ils étaient toujours indépendants et pleins de vie. Mais à l'aube de leur neuvième décennie, j'ai perçu un changement dans leurs capacités physiques. Ils bougeaient plus lentement. Ma mère ne pouvant plus descendre les escaliers du sous-sol, mon père s'était mis à faire la lessive. Cuisiner des bons plats sains était devenu une épreuve pour elle ; aller chercher le courrier dans la boîte aux lettres de l'autre côté de la rue, une corvée pour mon père. Mais ils s'accrochaient.

À ce moment-là, nous avons fait de notre mieux pour les aider pendant notre séjour d'une semaine. Je m'occupais des travaux repoussés tandis que Ramie entretenait le jardin. J'ai retiré les tapis dangereux et installé des détecteurs de fumée, des rampes et des barres d'appui. J'ai préparé une année entière de repas et les ai mis au congélateur que j'ai remonté du sous-sol. Je me suis occupé de tout, sauf de la conversation.

*

Il nous restait peu de temps au Mexique, la saison touchait à sa fin. Certains avaient déjà remballé et quitté les lieux. Ceux qui n'aimaient pas les au revoir étaient simplement partis sans rien dire, les autres ont pu profiter du clairon de Pedro lors de sa sortie digne d'un défilé. Chaque départ était aussi unique que les individus de notre petite communauté.

Quelques semaines plus tard, Ramie et moi allions nous préparer à partir. Nous rincerions nos jouets de plage et les hisserions sur la galerie pour les y attacher. Nous descendrions le hamac de la paillote et rangerions la tente moustiquaire dans son étui. Nous ferions de notre mieux pour débarrasser l'intérieur de la caravane et du pick-up du sable qui s'y était accumulé, une tâche impossible.

Ensuite, nous repartirions vers le nord par la route fédérale n° 1 qui remonte la péninsule de Basse-Californie et ses terres viticoles, jusqu'à la frontière américaine à Tecate. Nous commencerions alors notre pérégrination de huit mille kilomètres vers l'est à travers le pays, visitant les amis et la famille, jusqu'au nord du Michigan où vivaient mes parents. Nous n'en avions aucune idée, mais un réveil brutal nous y attendait.

CHAPITRE 1

Choisir

Presque Isle, Michigan
Juin

RAMIE

La vie est fragile. Nous le disons tous, mais le plus souvent, cette vérité nous trotte dans la tête sans nous toucher au cœur. Nous ne prêtons pas suffisamment attention aux autres, nous ignorons leurs maux et restons silencieux en nous répétant qu'il sera toujours temps de dire les choses. Ainsi, Tim et moi remettions sans cesse à plus tard le moment où nous parlerions avec ses parents de la vieillesse et de leur fin de vie. Pourquoi le sujet était-il si difficile à aborder ? Pourquoi nous étions-nous toujours dégonflés, ces questions qui nous brûlaient les lèvres coincées au fond de la gorge ? Que ferions-nous quand le moment viendrait, et que nous n'aurions d'autre choix que d'affronter leur mortalité, et la nôtre ? Pouvait-on dire « oui » à la vie tout en regardant la mort en face ?

En arrivant chez mes beaux-parents à Presque Isle pour notre visite annuelle, nous étions fermement résolus à aborder ces questions. Cette année, nous aurions enfin le courage de prendre le taureau par les cornes. Mais comme c'est si souvent le cas, avant même d'avoir eu le temps d'ouvrir la bouche, nous avons pris la crise en peine figure.

D'habitude, Norma, la mère de Tim, nous accueillait aussitôt arrivés, nous alléchant avec des biscuits tout juste sortis du four. Leo, mon beau-père, l'aidait souvent à manœuvrer la caravane. Mais cette fois, le temps de nous garer dans l'allée, ni l'un ni l'autre n'avait émergé de la petite maison en briques.

Notre inquiétude était palpable ; les mots, superflus.

Nous avons rapidement gravi les quelques marches qui menaient à la porte d'entrée sur le côté de la maison. Nous avons ouvert la porte, traversé le vestibule pour nous diriger vers la cuisine. Ça sentait le brûlé.

Quelque chose se passait… quelque chose de grave.

— Maman ? Papa ?

Aucune réponse.

Tim a éteint le four sans regarder à l'intérieur.

Une des nombreuses horloges de mon beau-père s'est mise à sonner. Elle n'était pas à l'heure. Une autre a retenti, puis une autre et encore une autre. La pendule que Leo remontait méticuleusement tous les dimanches était arrêtée.

La télévision du salon diffusait à plein tube une course automobile NASCAR, mais les fauteuils où Leo et Norma s'asseyaient d'ordinaire étaient vides. Nous avons continué dans le couloir, vers l'arrière de la maison.

C'est là que nous les avons vus avancer vers nous dans le couloir.

À première vue, tout semblait normal. Mais nous avons remarqué que Leo était courbé en avant, le bras sur l'épaule de Norma, le visage grimaçant de douleur. La pauvre petite Norma s'efforçait de tenir debout, prenant appui sur sa canne.

Ils avançaient péniblement vers nous. À chaque pas, Leo geignait sans réagir à notre présence.

Nous nous sommes précipités vers eux. Tim a pris Leo dans ses bras. J'ai fait de même avec Norma.

— Maman, que s'est-il passé ? Papa, parle-moi… Que se passe-t-il ? C'est arrivé quand ? Attention… Lève les pieds… Accroche-toi à moi… Papa, je te tiens… Ça va aller… On va te mettre dans ton fauteuil.

Leo souffrait. Nous sommes difficilement parvenus jusqu'au salon.

Je me suis empressée d'asseoir Norma dans son fauteuil. Il a fallu beaucoup plus d'efforts et de temps pour installer Leo dans le sien.

Une autre horloge déréglée s'est mise à sonner. La télévision braillait toujours.

J'ai attrapé la télécommande. Ne sachant pas m'en servir, je pressais les mauvais boutons. Comment couper le son ? Finalement, le poste s'est tu.

Habituellement jovial et de bonne humeur, Leo gémissait et parfois même, il hurlait. Nous lui apportions des coussins, l'aidions à changer de position ; rien ne le soulageait.

Tim et Norma se sont retirés dans la cuisine pour discuter tranquillement. Je m'affairais autour de Leo, espérant l'apaiser malgré tout.

Puis il a levé la tête vers moi et dit :

— Y'a un truc qui déconne.

Pendant toutes ces années, je ne l'avais jamais entendu parler comme cela. Ces quelques mots m'ont suffi pour comprendre.

En revenant de la cuisine, Tim m'a dit qu'il avait ouvert le four et qu'il y avait trouvé un petit morceau de poulet sans sauce et deux pommes de terre desséchées dans une barquette d'aluminium. C'est tout ce qu'ils allaient manger pour le dîner ?

L'angoisse a écrasé ma poitrine. Et ce n'était pas fini. Ce n'était que le début.

*

Quelques mois avant cela, nous étions encore au Mexique. Notre principale décision de la journée était de choisir entre la planche à rame, le kayak ou la natation – ou d'opter pour les trois. Tous les jours, nous nous dorions au soleil et savourions la compagnie d'amis chaleureux, le paysage à couper le souffle, les coquilles Saint-Jacques bien fraîches et la musique mariachi – un tableau parfait.

Ce printemps-là, après avoir quitté le Mexique, nous avions traversé les États-Unis ; direction le Tennessee *via* la Californie, en passant nos nuits sur les parkings de restaurants Cracker Barrel et d'hypermarchés Walmart. Sur la route, nous appelions Norma et Leo de temps à autres pour prendre des nouvelles. Ils ne nous demandaient jamais rien. Nous ne nous inquiétions pas. Comme disait Tim : « Pas de nouvelles, bonnes nouvelles. »

Nous avions atterri chez des amis en Caroline du Nord. Caroline et Roland habitaient une magnifique ferme de quatorze hectares avec des jardins époustouflants, des chevaux qui broutaient paisiblement et plusieurs dépendances. Ringo adorait gambader dans la propriété avec les deux chiens de nos amis. Je traînais alors une fièvre depuis plusieurs jours. J'étais dans un piteux état et cherchais quelque chose, n'importe quoi, pour oublier à quel point j'étais malade. Alors, tandis que tous profitaient du temps passé ensemble, j'avais décidé de rester au lit avec un bouquin.

Plusieurs dépendances abritaient des bibliothèques avec des rayonnages qui allaient du sol au plafond. Je n'avais que l'embarras du choix. J'étais trop malade pour quitter nos quartiers, alors j'avais cherché parmi les étagères qui s'y trouvaient, mais rien n'avait attiré mon attention. Puis j'avais fini par trouver une pile de livres posée sur une petite table antique dans le couloir. Un titre m'avait frappée. Il s'agissait de *Nous sommes tous mortels*[1] d'Atul Gawande, un examen critique de la médecine face à la fin de vie. Me sentant très mortelle ce jour-là, je l'avais extrait du milieu de la pile et emmené dans mon lit.

Quelques jours plus tard, j'avais presque terminé le livre. Je ne me sentais pas mieux physiquement, mais j'avais changé. J'avais lu des choses très importantes qui venaient bouleverser mon regard sur la fin de vie. Je m'étais voilé la face quant aux besoins

1. Dr Atul Gawande, *Nous sommes tous mortels*, Paris, Fayard, 2015.

de ma propre mère et de ceux des parents de Tim, mais il était temps d'aborder ces questions qui dérangent.

En quittant la ferme, nous avions pris la route des Outer Banks de Caroline du Nord. Nous attendions le ferry qui partait de l'île d'Ocracoke en direction du cap Hatteras, quand le téléphone de Tim s'était mis à sonner. C'était Leo qui nous annonçait que l'oncle Ralph, son meilleur ami et le dernier frère de Norma, était décédé à l'âge de quatre-vingt-onze ans.

À l'entendre, Leo semblait encore en forme ce jour-là, mais quelques semaines plus tard, quand nous l'avions appelé pour la fête des Pères, il avait changé.

— Il faut qu'on y aille, avait dit Tim après avoir raccroché. Mon père ne va pas bien.

Ce qui me frappe le plus maintenant, quand je repense aux mois précédant ce coup de téléphone, c'est l'illusion de contrôle que nous entretenions. La vieillesse et la maladie se fichent de nos projets : elles imposent leur rythme, qu'on soit prêt à faire face à ces difficultés inéluctables ou non.

*

Nous n'avions même pas décroché la caravane du pick-up. Trois jours après notre arrivée, Leo était allongé en position fœtale sur un lit d'hôpital. Les patchs de Fentanyl qui modéraient son insoutenable douleur au dos – la conséquence d'un tassement vertébral – perturbaient son métabolisme, et les médecins ne parvenaient pas à restaurer l'équilibre. Il semblait si mal en point et si seul. Norma paraissait plus chétive que jamais dans l'énorme fauteuil inclinable à côté du lit. Elle restait silencieuse.

Tim s'est couché avec son père et s'est blotti contre lui. Il lui épongeait délicatement le front avec une serviette humide et lui répétait inlassablement :

— Ça va aller. Je vais m'occuper de maman. Je t'aime. Tout ira bien.

Au bout d'un moment, Tim m'a passé le relais, et c'est moi qui me suis allongée avec Leo. Ce matin-là, nous avons continué ainsi jusqu'à ce que Norma murmure à mon oreille :

— Tu veux bien m'accompagner en bas ? J'ai rendez-vous à 13 heures pour des examens.

J'ignorais de quels examens il s'agissait. Dans l'ascenseur, elle m'a dit qu'elle avait du sang dans les urines. J'imaginais bien que c'était plus grave que ça, car elle utilisait des protections féminines. Elle avait des saignements vaginaux, une anomalie à son âge. Je suis restée dans la salle d'attente, et quand elle est sortie, nous avons regagné la chambre de Leo. Elle n'a rien dit au sujet des examens. Pour l'instant, Leo était notre priorité, et Tim et moi n'avons pas cherché à en savoir plus.

Pendant le week-end, on nous a informés que Norma devait faire des examens complémentaires, dont une échographie endovaginale. Tandis que son mari agonisait quelques étages au-dessus en soins palliatifs, Norma était étendue sur une table d'examen, une sonde en elle. Tout son corps semblait se contracter. Elle était diminuée, humiliée. Comme j'étais debout à côté de l'infirmière, je la voyais entourer quelque chose sur plusieurs clichés à l'écran avec un stylet : il y avait une grosse masse dans l'utérus de Norma. Je n'en revenais pas. Leo était mourant et, d'après ce que je voyais, Norma avait une tumeur. Allongée sur la table, elle ne voyait rien et ignorait ce que je savais désormais.

J'ai respiré profondément avant de rapporter à Tim ce que j'avais vu cet après-midi-là.

Leo a été transféré dans une résidence médicalisée. Deux jours plus tard, après six heures passées auprès de lui, Norma, épuisée, a affirmé que la foi suffirait à accompagner son mari jusqu'à la fin.

— Nous pouvons partir maintenant, a-t-elle déclaré.

Nous savions tous que cette chaude journée de juillet serait la dernière de Leo. À peine étions-nous rentrés que la résidence a téléphoné pour nous annoncer sa mort. Il était 17 h 50. À ce moment précis, une horloge cassée, cadeau de Stacy à son père, s'est remise en route.

Nous l'avons fait incinérer. Ses cendres reposent à quelques pas de l'oncle Ralph, aux côtés de Stacy. Nous étions sous le choc, en deuil.

Même si ce n'était pas officiel, Tim et moi savions que Norma avait certainement un cancer. Allongés sur le lit de la caravane, nous avons discuté des solutions à envisager. Ni lui ni moi ne voulions pour Norma d'une fin de vie comme celle de Leo. Ses derniers jours dans un hôpital agité et bruyant avaient été insoutenables pour lui. Nous nous inquiétions de ce qu'il adviendrait d'elle dans une maison de retraite. Elle qui aimait tant vivre au grand air, comment pourrait-elle se confiner dans un bâtiment dont on ne pouvait sortir sans code ? Comment cette femme si timide parviendrait-elle à partager sa chambre avec une inconnue ? Nous connaissions le genre de nourriture qu'on sert dans ces endroits-là. Il n'y avait aucune garantie qu'elle bénéficierait de la qualité de vie qui avait été la sienne : de la variété des activités, de l'indépendance ou de quoi que ce soit qui lui était familier. Nous sentions que Norma avait non seulement besoin de liberté, d'autonomie et de dignité, mais qu'elle y avait droit. La maison de retraite représentait tout le contraire.

Si Norma voulait se détendre à la fin de la journée avec une bière ou un verre de vin, nous voulions qu'elle pût jouir de ce luxe. Si elle voulait quitter le bâtiment pour une raison ou pour une autre, elle devait pouvoir le faire. Si elle voulait manger un bol de céréales au dîner ou marcher pieds nus sur l'herbe, soit ! Nous voulions lui donner une chance de sourire encore.

Nous nous sommes regardés et nous avons dit tous les deux en même temps :

— Et si on lui proposait de venir avec nous ?

Nous n'avions aucune idée de ce qui se passerait ensuite si elle acceptait.

*

Le lendemain, nous nous sommes assis tous les trois à la table de la cuisine pour déjeuner.

— Norma, on ne sait pas ce que le docteur va dire pour les examens, ai-je commencé entre deux bouchées, mais je me demande comment tu vois le quotidien maintenant que Leo n'est plus là.

— Je ne sais pas du tout, a-t-elle répondu, toujours plus affaiblie. Je ne peux pas vivre ici toute seule, je le sais bien.

Tim est intervenu :

— Eh bien, on en a parlé avec Ramie, et on ne serait pas tranquilles de te savoir ici toute seule, même avec une aide à domicile. On s'est renseignés sur les maisons de retraite, et on peut te donner une liste d'établissements près d'ici ou à côté de chez la maman de Ramie, en Pennsylvanie… Ou alors, a-t-il poursuivi, on se demandait si tu voulais prendre la route avec nous. On achèterait un grand camping-car.

— Même si ça paraît complètement fou, ai-je ajouté, ce n'est pas plus insensé que de passer le reste de tes jours dans une maison de retraite. Si tu veux venir, on t'emmènera où tu voudras.

Après lui avoir dit qu'elle n'avait pas à répondre tout de suite, nous avons fini nos sandwichs au jambon sans dire un mot.

C'est Norma qui a brisé le silence :

— J'aimerais bien venir avec vous.

Le lendemain, nous étions entassés dans une petite salle d'examen avec un gynécologue et son interne. Pendant les jours qui avaient suivi la mort de Leo, les médecins et les analyses s'étaient enchaînés. Ce spécialiste était le dernier d'une longue liste.

Ce gynécologue, un beau trentenaire, nous a annoncé ce que nous savions déjà : Norma avait un cancer de l'utérus. Assis sur le bord de la table d'examen, il s'est adressé à elle, assise dans un fauteuil roulant de l'hôpital, pour lui expliquer ce qu'il croyait être la suite des événements :

— Nous allons vous faire une hystérectomie. Ensuite, vous suivrez une radiothérapie et une chimiothérapie. La convalescence se fera en clinique spécialisée. La guérison prendra plusieurs mois.

Sans donner d'alternative, il a conclu en demandant à Norma ce qu'elle désirait faire. Elle l'a regardé dans les yeux, et avec toute la conviction dont elle était capable, elle lui a dit :

— J'ai quatre-vingt-dix ans. Je prends la route !

Le médecin semblait perplexe, à raison. Tim lui a expliqué que nous vivions dans une caravane et que nous comptions emmener Norma dans nos voyages, tant qu'elle le voulait et qu'elle s'en sentait capable.

L'attitude du médecin a changé instantanément. Son visage s'est illuminé. L'étudiante était stupéfaite ; elle ne s'attendait sûrement pas à une telle réaction venant de cette petite vieille dame.

— Sommes-nous irresponsables ? a demandé Tim. Cette démarche nous semble parfaitement naturelle, mais nous ne suivons pas toujours les règles. Qu'en pensez-vous ?

— Non, ce n'est pas irresponsable. À son âge, rien ne garantit qu'elle survive à l'opération. Et si c'était le cas, elle irait en soins intensifs et subirait des effets secondaires très pénibles. Nous, les médecins, nous voyons quotidiennement le revers de la médaille. À sa place, je choisirais la caravane.

— Excellent !

Il nous restait beaucoup à faire pour respecter notre promesse d'emmener Norma vivre sa dernière aventure. Nous n'avions aucune idée du temps qu'elle durerait ni où elle nous emmènerait, mais nous savions qu'il fallait nous lancer.

CHAPITRE 2

Explorer

Nord du Michigan
Août

TIM

Entre deuil et préparatifs, les jours suivant la mort de mon père ont été le théâtre d'un chevauchement délicat, celui d'une fin et d'un commencement. Notre chagrin perturbait le rythme de nos journées, alors que le cancer de ma mère avait fait du temps une denrée rare. Avais-je tout dit à mon père avant sa mort ? Je ne crois pas. Avait-il conscience de mon amour et de ma gratitude ? J'aime à le penser, grâce aux paroles que je lui murmurais à l'oreille sur son lit d'hôpital. Mon père n'était plus, ma mère se mourait, et du jour au lendemain, après des années d'une relation se limitant à des visites annuelles et des coups de téléphone occasionnels, nous allions partager une maison ambulante. Pour ma mère et moi, ce serait certainement notre dernière chance de nous ouvrir l'un à l'autre, et je refusais d'avoir à me poser les mêmes questions que pour mon père : cette fois, je voulais être sûr.

« J'aimerais bien venir avec vous », avait-elle dit. Tout simplement. Cela avait suffi pour que nous nous lancions dans ce voyage avec elle, cette femme endeuillée et fragile. Nous savions que nos vies en seraient profondément bouleversées.

À cinquante-sept ans, j'avais passé les quinze dernières années à vivre en marge, dans un détachement heureux – et parfois excessif. Il n'y avait que moi, Ramie et, depuis peu, Ringo. J'allais maintenant devenir un aidant, le co-directeur d'une maison de retraite médicalisée sur roues. Même si je n'envisageais pas de meilleur moyen de prendre soin de ma mère, je n'étais toujours pas certain d'en être capable ou que mon mariage n'en souffrirait pas.

Le deuil planait au-dessus de nous comme un épais nuage noir. Quand le chagrin se faisait trop écrasant, je m'allongeais sur le plancher de la caravane – toujours garée dans l'allée de mes parents – et, enlaçant Ringo et son doux pelage bouclé, je pleurais jusqu'à ce que l'épuisement et le sommeil viennent me soulager. Malgré tout, Ramie et moi ne parlions pas de notre douleur et de nos peurs, nous ne ruminions pas autour de la table avec ma mère : nous nous préparions.

L'objectif était de voyager ensemble pendant un an. Après, nous réévaluerions la situation. À vrai dire, nous ne pensions pas que ma mère tiendrait jusqu'à la fin de l'année, mais nous fixer un but allait peut-être stimuler son désir de vivre. Les cinq semaines précédant le départ ont été bien remplies. Ma mère avait besoin d'aide pour se déplacer, alors nous lui avons acheté un fauteuil roulant léger et ergonomique. Elle avait sa canne, mais le fauteuil Karma permettait des déplacements plus rapides et faisait également office de déambulateur. Il fallait aussi l'aider à faire ses bagages, et régler la succession de mon père. Mais notre priorité était d'élaborer un budget qui fonctionnerait pour tout le monde.

Ramie et moi avions pu prendre une retraite anticipée grâce à un train de vie frugal et à l'absence d'enfants et de dettes. Nous achetions toujours des voitures d'occasion, et nous ne faisions jamais de folies sur la route. Nous nous installions dans des campings bon marché au confort modeste, sur des parkings de grandes enseignes ou sur des terrains publics. Grâce à des investissements, nous recevions une petite rente annuelle qui couvrirait les dépenses courantes de ma mère en plus des nôtres. Pour les ajustements nécessaires – des campings offrant tous les raccordements, un cadre de vie plus confortable et un dîner au restaurant de temps en temps (tout ce que nous avions évité jusqu'alors) – nous allions puiser dans sa retraite et dans la petite pension militaire laissée par mon père.

Nous nous étions renseignés sur le coût des hébergements spécialisés. Près de chez ma mère, il y avait une chambre partagée à 8 400 dollars, soit 280 par jour. Aucune des simulations de budget pour notre aventure n'approchait ce montant. Renoncer à cette solution nous permettait même d'utiliser l'héritage de mon père pour offrir à ma mère une meilleure qualité de vie. Au lieu de payer pour une chambre une avance non remboursable allant jusqu'à plus de 120 000 dollars, nous investirions dans un grand camping-car dont la revente pourrait financer les soins en fin de voyage.

La prochaine étape était alors de trouver un véhicule qui nous conviendrait à tous les trois. Ramie et moi trouvions peut-être très amusant de nous doucher dans notre caravane garée sur le parking d'un hypermarché et de nous éclairer à l'énergie solaire, mais il fallait plus de confort pour ma mère.

En mangeant un autre sandwich à la table en chêne de mes parents, nous avons discuté de ce dont nous aurions besoin dans le camping-car. En haut de la liste se trouvait un fauteuil confortable pour ma mère ; il nous fallait aussi des chambres séparées et une salle de bain au milieu pour respecter l'espace de chacun.

— Comment allons-nous faire la lessive ? a demandé ma mère.

Il nous fallait aussi une machine à laver qui fasse sèche-linge.

— La configuration doit permettre à Norma de se déplacer dans le camping-car, a remarqué Ramie penchée sur son ordinateur.

Les canapés d'angle, les portes étroites et les îlots de cuisine étaient exclus. Nous avons décrété ensemble que la télévision ne devait pas occuper une place centrale. Et il était inutile d'installer un poêle. Chaque détail comptait ; l'intimité et l'organisation des parties communes étaient désormais nos grandes préoccupations.

Et nous l'avons trouvé ! Des toilettes en plus d'une salle de bains complète, une machine à laver/sèche-linge, un fauteuil inclinable : le Fleetwood Southwind 36D.

Nous avons épluché tous les sites de camping-cars d'occasion sur Internet à la recherche d'un Southwind à un prix raisonnable. Il y en avait neuf à vendre dans tout le pays. Nous avons procédé par élimination : certains étaient trop éloignés, d'autres trop chers, d'autres encore avaient trop de kilomètres au compteur, mais l'un d'entre eux était parfait. Il se trouvait dans l'État de New York, à environ 1 400 kilomètres de chez ma mère. Avant même de voir l'engin, nous avons déposé une grosse caution.

Mais voilà, il y avait un gros hic : à cause de son système de transmission, il allait être impossible de remorquer la Jeep Patriot de mon père au retour. Il nous fallait une nouvelle voiture, et la seule qui convenait était une autre Jeep, une Wrangler.

Après plusieurs tentatives, Ramie a enfin trouvé un concessionnaire Jeep à Cheboygan, dans le Michigan. Lenny, le manager, disait avoir deux véhicules pouvant nous intéresser, mais l'un d'entre eux avait subi des modifications à hauteur de 30 000 dollars. Nous n'avions pas le choix. Nous avons décidé de faire le trajet de quatre-vingt-dix minutes pour essayer la voiture.

En une belle journée de juillet, Ramie et moi sommes donc partis pour Cheboygan dans la Toyota MR2 suralimentée que Stacy avait offerte à mon père. Bien attachée au siège baquet à côté de moi, Ramie étudiait les nuages floconneux par le toit amovible tandis que nous filions vers le nord.

— Tu t'endors devant ce superbe paysage ? lui ai-je demandé à mi-chemin.

— Non.

Pour la première fois depuis notre arrivée chez mes parents, je la voyais sereine.

— Alors, qu'est-ce que tu fais ?

— Je parle à Stacy, a-t-elle répondu simplement.

Nous avancions dans nos recherches pour le camping-car et la voiture, mais trouver un camping pour l'hiver en Floride s'avérait difficile. Au mois de juillet, il n'y avait déjà plus de place. On aurait dit que l'État ensoleillé avait sorti son panneau « complet » pour la saison.

— Je lui demande de nous aider à trouver un super camping en Floride et la voiture de nos rêves, a-t-elle ajouté.

Nous sommes arrivés environ quarante-cinq minutes plus tard pour retrouver Lenny devant l'impressionnant showroom vitré. Le petit homme joyeux et souriant était à peine plus grand que ma mère. D'un pas léger, il s'est empressé de venir à notre rencontre.

— Ramie ! Vous n'allez pas le croire ! Une Wrangler quatre portes vient de nous être livrée il y a une demi-heure. Ce n'était pas du tout prévu. Je crois que c'est exactement ce que vous cherchez.

En effet, elle était parfaite. Et nous y croyions. C'était le signe du destin qu'il nous fallait. Nous nous sommes senti pousser des ailes ; nous défiions le système, et personne, ni les médecins ni les vendeurs de voitures, n'essayait de nous en dissuader. Notre projet audacieux allait peut-être se réaliser après tout.

Mais ma mère allait-elle pouvoir grimper à l'arrière du gros 4x4 ?

Quelques jours plus tard, Ramie et moi sommes retournés à Cheboygan, accompagnés cette fois de ma mère et de Ringo.

— Waouh ! C'est ça qu'on va acheter ? Pas mal, ma mère a-t-elle murmuré à Ramie.

J'ai ri dans ma barbe devant son enthousiasme pour ce véhicule tout terrain digne d'un safari, en contraste total avec les berlines Buick beiges qui dominaient les parkings et les allées du Michigan.

Il était évident que les petites jambes frêles de ma mère n'arriveraient pas à la hisser dans la voiture surélevée. Mais en deux temps trois mouvements, Lenny avait trouvé un escabeau et ma mère trônait sur la banquette arrière aux côtés de son fidèle ami Ringo.

— Qu'en pensez-vous ? s'est enquis Lenny, la mine réjouie.

Ma mère, habituellement silencieuse et réservée, nous a tous surpris quand elle a lancé :

— Lenny, je vais vous dire. C'est une très belle voiture. Il y a juste deux problèmes.

— Qu'est-ce qui ne va pas ?

Lenny était impatient de conclure sa vente.

— Je ne peux ni monter ni redescendre. Si vous nous faites l'escabeau gratuit, on prend !

Nous avons signé les papiers de notre nouvelle voiture ce jour-là. Peu après, j'étais en route pour récupérer notre camping-car, plein de reconnaissance et de détermination.

*

Le mois d'août rafraîchissait, une petite brise s'était levée. J'ai respiré profondément et je suis sorti me dégourdir les jambes. J'ai marché jusque derrière la maison, en m'arrêtant devant le jardin de ma mère où, en l'absence d'intervention humaine, la nature commençait à reprendre ses droits. Les mauvaises herbes enlaçaient les plants de tomates broussailleux qui venaient à hauteur de genou. La végétation montait en graine, il était trop tard pour récolter les fruits. Ringo, étendu sur le ventre, se frottait la truffe contre la verdure. La légère odeur du sous-sol de mes parents, où j'avais passé toute la matinée à trier leurs affaires, avait pénétré mes os ; elle persistait sur mes vêtements, même en plein air.

Dans la chambre d'ami, j'avais trouvé la plupart des papiers de mon père organisés avec une rigueur quasi obsessionnelle. D'épaisses chemises protégeaient des modes d'emploi et des livrets de garantie concernant des objets qui se décomposaient depuis longtemps dans une décharge quelconque.

Tout était classé, soigneusement organisé, à l'image de mon père – pas de désordre, pas de problème. Je n'avais jamais vu mes parents se disputer ou pleurer, je ne les avais jamais vus follement joyeux non plus. Nous n'évoquions jamais les questions d'argent, pas plus que celles de santé.

En parcourant les documents financiers de mes parents, j'avais vu quelque chose tomber par terre. C'était une publicité pour des vols en montgolfière qu'on offrait à l'autre bout de l'État. Plus tard, en ouvrant le réfrigérateur pour prendre une boisson fraîche, j'ai remarqué une autre annonce fixée par un aimant sur la porte. Et j'en ai découvert encore une autre qui servait de marque-page dans un livre.

— Ton père et moi avons toujours voulu monter dans une montgolfière, m'a avoué ma mère quand je lui en ai parlé. Mais nous ne l'avons jamais fait.

J'étais déçu mais aussi un peu surpris. Comme ça, mes parents avaient voulu se lancer dans une chose pareille – une aventure aussi audacieuse ? Je n'arrivais pas à y croire.

Les connaissais-je vraiment ? Comme la plupart des enfants, je pouvais établir un portrait précis de mes parents. Ils étaient si prévisibles que Ramie et moi disions en plaisantant que, peu importait la distance, nous savions toujours exactement ce qu'ils faisaient. Tous les jours à midi, ils mangeaient un sandwich avec des chips et de gros cornichons. À 13 heures, ils faisaient une sieste dans leurs fauteuils respectifs après avoir lu le courrier du jour. Ils dînaient toujours à 17 h 30 et allaient se coucher après le journal télévisé de 22 heures.

Pendant les sept décennies de leur mariage, mon père avait occupé le devant de la scène, toujours avec un sourire et une blague dans sa manche. Il était drôle, sociable et engageant ; ma mère n'avait pas à parler tant que mon père était là. Elle pouvait se contenter de rire à ses plaisanteries, elle était d'ailleurs passée experte dans l'art de ponctuer ses histoires avec son visage expressif. Pendant la majeure partie de sa vie, elle n'avait pas directement interagi avec les autres. Je croyais que c'était son choix, qu'elle préférait rire et observer.

Et pourtant, c'était bien ma mère, impertinente et taquine, qui s'était adressée à Lenny. Dans la maison, je retrouvais ici et là des rappels du rêve romantique de mes parents. Oui, je les connaissais, mais beaucoup de questions demeuraient sans réponse. Ma mère avait-elle caché cet aspect de sa personnalité depuis des années ? À quoi d'autre avaient-ils renoncé ? Qu'est-ce qui lui manquait le plus chez Stacy ? Chez mon père ? Je voulais des réponses, faire tomber la façade austère et parcourir la distance qui nous avait séparés toute ma vie.

Ramie a aidé ma mère à faire ses bagages, et j'ai veillé à réunir les indispensables pour le camping-car. Parmi les choses que ma mère avait prises pour remplir ses deux tiroirs, il y avait le vieux sweat-shirt rouge d'un hôtel de Presque Isle, le Fireside Inn.

— Pourquoi veut-elle emporter ce vieux pull ? Elle sait que l'espace est limité.

— C'est un symbole de son passé, ça fait partie du deuil, m'a répondu Ramie.

Elle avait raison. Nous étions habitués à voyager léger et à ne rien planifier. Cette fois, c'était différent.

Nous n'avions pas les mots pour exprimer la façon dont ces préparatifs mettaient en évidence son deuil et tout ce dont elle se défaisait. Elle n'habiterait plus cette maison, ne vivrait plus parmi ces objets chargés de signification pour elle et pour mon père ; plus jamais elle ne se livrerait à ces rituels quotidiens construits tout au long de leurs soixante-sept ans de vie commune ; elle ne dormirait plus dans le lit qui se souvenait encore du corps de son époux, contre le coussin qui renfermait son odeur ; elle avait perdu son dernier frère, le plus proche, mon oncle Ralph, à peine un mois auparavant ; elle avait survécu à tous ses pairs. Elle était la dernière de sa génération.

Ma mère n'a pas pleuré. Sa foi était solide. Elle avait été élevée dans un foyer allemand austère et très croyant. Elle avait survécu à la Grande Dépression.

Cependant son chagrin se manifestait physiquement. Elle avait perdu le peu d'appétit qu'il lui restait et maigrissait. Ma mère rétrécissait à vue de nez. Elle était plus silencieuse, paraissait désorientée. Elle nous a demandé : « Qu'est-ce que je vais faire maintenant ? » Le chagrin et la maladie la consumaient, mais elle ne pleurait toujours pas.

Sa décision de nous rejoindre sur la route semblait être l'expression de son optimisme, sa façon de dire « Je n'en ai pas encore terminé, j'ai toujours de la joie de vivre et de la curiosité en réserve ». Même si ma mère possédait beaucoup de beaux vêtements, elle avait hâte de s'en acheter de nouveaux pendant le voyage. Ramie et moi étions encouragés par son enthousiasme. Nous lui avons demandé si elle voulait apporter quelque chose de chez elle.

— Juste une chose, a-t-elle répondu. Les deux coussins du canapé.

C'était sûrement plutôt une question pratique qu'un élan de nostalgie.

— Tu veux prendre des photos de papa et de Stacy ?

— Non.

Nous avons emporté une photo de groupe prise à notre mariage au cas où elle changerait d'avis.

Aux souvenirs, elle a préféré les livres et les puzzles. Le premier objet qu'elle a glissé dans son sac a été une paire de jumelles, suivie de plusieurs guides sur la nature. Nous avons remis des cordes à son dulcimer, emporté quelques carnets de croquis et trouvé un endroit pour entreposer ses aiguilles à tricoter. Pour les parties de solitaire et autres jeux de lettres, nous lui avons donné un vieil iPad dont elle a appris à se servir grâce à la patience de Ramie.

Malgré ses vingt-huit années passées ici, ma mère n'a manifesté aucun regret en partant. Nous laissions les lieux en l'état pour qu'elle dépensât son énergie à vivre, et non à se séparer de ses affaires. Elle ne voulait pas avoir à s'occuper de tout cela et nous non plus. Nous avons vidangé la tuyauterie et fermé la maison sans la nettoyer une dernière fois et sans savoir si ma mère serait encore en vie quand nous reviendrions l'année suivante.

Alors que ma mère était assise sur son rocking-chair dans le salon, Ramie lui a présenté un atlas routier et des vieux magazines de voyage de la Smithsonian Institution dont ma mère possédait toute une collection.

— Tu peux choisir d'aller n'importe où dans le pays.

— Oh, je ne sais pas. Tout a l'air très bien. J'aimerais tout voir.

Mais en insistant un peu :

— J'ai toujours voulu aller au Nouveau-Mexique, a-t-elle fini par nous avouer un jour. Je ne sais pas pourquoi, mais j'ai toujours voulu partir là-bas.

C'était un début.

— Et j'aimerais voir la tête des présidents au mont Rushmore, a-t-elle ajouté plus tard. Ce serait bien.

Pendant ce temps, le poids de ma mère est passé de 46 à 42 kilos. Elle était faible, faisait des malaises. Léthargique, elle ne parlait quasiment pas, comme si elle n'avait plus rien à dire. Elle gardait toujours une étincelle en elle, cependant la profondeur de son chagrin était manifeste, ainsi que les effets de la maladie et des médicaments sur son corps et son esprit. Mais notre voyage était si prometteur… Avec tout ce temps passé ensemble viendraient les questions et les réponses, et, à la clé, peut-être y avait-il la découverte de qui était vraiment ma mère. J'ai prié en silence pour qu'elle vécût assez longtemps pour se révéler.

Le moment du départ est enfin arrivé. Sous le soleil matinal d'août, nous avons quitté la petite allée pour rejoindre la route. Direction le mont Rushmore dans le Dakota du Sud. J'ai regardé Ramie. Sans rien dire, nous avons poussé un soupir de soulagement.

CHAPITRE 3

Découvrir

Le cœur du Middle-West
Août

RAMIE

Nous avons roulé deux heures le premier jour. Quitter la maison de Presque Isle tant que Norma était encore parmi nous était déjà un exploit. Nous avons attelé la Jeep au camping-car sur le parking d'un local municipal, puis nous avons pris la route. J'ai observé Norma quand nous passions devant sa maison une dernière fois.

Elle était attachée à la banquette du coin repas, face à l'avant. C'était de là qu'elle avait la meilleure vue. Pensive, elle étudiait les arbres que Leo et elle avaient plantés dans leur jardin année après année. Nous n'avions annoncé la nouvelle de son cancer à aucun de ses amis. Norma ne voulait pas affronter leur regard – les inquiéter était absurde –, mais la maladie occupait nos pensées.

Quelques minutes avant, Norma avait dit au revoir aux amis et aux voisins qu'il lui restait. Elle n'avait rien laissé paraître en les saluant, même si certains étaient très émus. Il n'y avait plus que nous maintenant. Nous nous étions défaits de tout le reste. Tim, Ringo et moi emmenions cette dame frêle dans un voyage apparemment sans destination. Je ne pouvais pas m'empêcher de me demander si elle allait un jour revoir son superbe jardin ou retrouver ses rangées de lavande qui imprégnaient l'air d'un parfum de Provence. J'aurais parié qu'elle se demandait la même chose, mais elle n'en soufflerait jamais mot. Elle avait les mains croisées sur la table, et même si son regard trouble trahissait le tumulte des dernières semaines, ses lèvres roses demeuraient scellées tandis qu'elle embarquait pour le prochain chapitre de sa longue vie.

Quand nous suivions les méandres de la route le long du lac Huron, j'ai été surprise d'apercevoir l'horizon lointain : des kilomètres et des kilomètres d'une eau bleue ondoyant à l'infini sous un soleil éclatant. J'avais soudain une nouvelle perspective. Dans une voiture proche du sol, je ne pouvais pas voir au-delà des arbres en bordure des routes du Michigan. En prenant de la hauteur, dans notre nouveau camping-car, nous découvrions un nouveau point de vue.

Le gigantesque pare-brise était maintenant notre fenêtre sur le monde. J'ai pris conscience qu'après avoir parcouru de nombreuses fois le pays dans tous les sens, Tim et moi allions avoir la chance de le faire avec un point de vue nouveau. Plusieurs, à vrai dire : l'énorme pare-brise du camping-car et les yeux d'une femme de quatre-vingt-dix ans qui avait eu le courage de dire « oui » à l'aventure.

Après ce premier jour de route, j'ai profité du luxe d'avoir des glaçons à bord. Tim et Norma ont savouré une bière fraîche avant le dîner, et nous avons trinqué à un baptême réussi. Norma a pris sa première douche en camping-car, tiré sa première chasse d'eau à aspiration – elle a essayé du moins –, et elle a passé sa première nuit de sommeil dans son nouveau lit ajustable.

De notre côté de la porte coulissante, la nuit a été rude entre le volant et l'évier, sur un matelas gonflable que nous allions devoir réinstaller chaque soir. Ringo dormait sur le sol à côté de la table du coin repas.

La liberté que nous avions construite restait intacte, et pourtant, nous l'avions pratiquement perdue. Je me réveillais au moindre mouvement de Tim. J'ignorais comment nous allions surmonter cela.

*

Le jour suivant, nous devions traverser le pont Mackinac, le plus long pont suspendu au monde. Le fameux « Big Mac » relie les péninsules inférieure et supérieure du Michigan, et c'est là que le lac du même nom vient embrasser le lac Huron.

Le vent faisait pencher les arbres – un mauvais signe pour la traversée de l'embouchure entre les deux grands lacs. Finalement, le pont a dû être fermé aux gros véhicules à cause des vents violents. Bon gré mal gré, nous n'avons eu d'autre choix que d'attendre dans un camping qui avait vue sur le détroit de Mackinac.

Une bruine froide s'est abattue sur nous. La fin août ressemblait désormais à une fin d'automne, et un sentiment d'isolement a fondu sur moi. Quand Tim et moi étions seuls, nous pouvions toujours discuter, nous divertir, préparer à manger ou nous occuper du chien. Désormais, l'un ou l'autre devait à tout moment veiller sur sa mère.

Norma était très facile à vivre : elle avait dit clairement dès le début qu'elle ne voulait pas être un fardeau. Pourtant, je m'inquiétais de son confort à chaque instant. Souffrait-elle ? S'ennuyait-elle ? Buvait-elle assez d'eau ? Comment la faire manger suffisamment ? Elle ne pouvait pas se permettre de perdre davantage de poids.

Avant de quitter le confort de la maison de Norma, j'avais planifié les mois suivants sur un calendrier. Nous avions des projets jusqu'à la fin de l'année. Si quelqu'un m'avait demandé où nous serions telle nuit, j'aurais su le dire. Mais ça, c'était avant. Nous étions maintenant bloqués au camping de Mill Creek, j'avais une boule d'anxiété dans la poitrine et je sentais mes veines pulser dans ma gorge.

Les derniers mois avaient été tellement chargés, de traumatisme et de chagrin d'abord, puis de préparatifs et même d'excitation. Emmener Norma avec nous semblait être une si bonne idée quand nous la lui avions proposée ; c'était presque trop beau, trop facile, comme si nous allions pouvoir vivre comme avant, avec juste un voyageur en plus, un passager facile à contenter. Mais le vent et l'attente nous avaient stoppés net dans notre lancée. Le sol se dérobait sous mes pieds. Alors, je me suis assise et j'ai réfléchi.

J'ai essayé d'adopter une perspective plus large, une vue d'ensemble. J'ai depuis longtemps le sentiment d'avoir quelque chose à faire sur cette terre ; mes choix professionnels sont toujours allés dans ce sens. J'ai été conseillère d'orientation, j'ai coordonné l'aide humanitaire après des inondations dévastatrices, récolté des fonds pour d'innombrables associations et participé à un mouvement qui vise à encourager les pères à s'impliquer davantage dans la vie de leurs enfants. Alors que nous attendions dans ce camping sous la pluie, je n'arrivais pas à empêcher ma peur de prendre le dessus. Étions-nous vraiment en train d'utiliser des énergies fossiles pour emmener Norma faire du tourisme ? Avais-je renoncé à ce qui m'était essentiel pour devenir aidante, un rôle auquel je ne me sentais pas préparée ? La dépression viendrait-elle remplir le vide laissé par ce qui m'avait toujours animée ?

Comment allais-je apporter quelque chose au monde si je ne prenais soin que d'une seule personne, une femme qui avait toujours été si indépendante ? Avec Norma, je n'allais plus pouvoir intervenir dans les communautés que j'avais l'habitude d'aider. Sans quelque chose de plus grand à soutenir – et pour me porter – serais-je encore en mesure d'exercer un impact ? J'avais tant à donner, mais pas cela. Ce n'était pas l'un de mes dons. C'était trop petit et insignifiant, un repli sur soi.

J'avais déjà eu cette impression en quittant mon travail pour vivre à plein temps sur la route. Il m'avait fallu attendre la saison précédente et notre engagement pour un petit orphelinat au Mexique pour combler ce vide. Nous avions prévu d'y retourner l'hiver suivant, mais Norma n'était pas encore prête à traverser la frontière. De façon un peu égoïste, j'avais peur de ne pas me réaliser pendant ce voyage, comme si prendre soin d'une seule personne m'empêchait de le faire pour toutes les autres.

Tim et moi avions fait ce saut dans l'inconnu, et je remettais déjà en cause ma capacité à embrasser les événements en toute confiance. Il fallait lâcher prise, mais bon sang, qu'est-ce que c'était difficile !

Cet après-midi-là, Tim a tenté de me rassurer.

— Tu aimes la photo. Peut-être que si tu te plongeais là-dedans, ça te changerait les idées.

Mais je n'avais pas encore envie de sortir de mon gouffre de lamentations.

Oui, j'aimais la photographie, mais comment cela pourrait-il être une compensation pour mon désir de changer le monde ou même de rendre meilleur mon petit coin de planète ? Comment allais-je remédier à mon sentiment de solitude, alors que j'essayais de mettre de côté mes besoins pour me concentrer sur ceux de Norma ?

J'ai sorti mon ordinateur portable pour écrire quelques pensées sur le blog de voyage que je tenais depuis l'été 2011. Seule une dizaine de personnes avaient suivi mes publications, mais j'avais l'impression de m'être constitué un petit cercle auquel je pouvais me confier. Peut-être ces gens s'intéresseraient-ils à ce que j'écrirais sur la vie en maison de retraite ambulante comme ils s'étaient intéressés à la nature et aux voyages. Peut-être que grâce aux mots et aux images, je me sentirais moins seule.

Un peu plus tard, je publiais un texte intitulé « Changer de latitude, changer d'attitude », inspiré par une de mes chansons préférées de Jimmy Buffett. Puis Tim et moi avons mis nos vêtements de pluie pour promener Ringo le long de la côte, et Norma s'est plongée dans un livre. Nous avons ramassé de superbes pierres roulées pour les montrer à ma belle-mère, notre géologue en chef. À notre retour, plusieurs personnes avaient laissé un commentaire sur le blog. Nous les avons lus à Norma, en espérant qu'ils l'intéresseraient autant que le faisait autrefois le courrier qui venait d'arriver.

« Qui dit qu'on ne peut pas partir à l'aventure à quatre-vingt-dix ans ? »

« Laissez couler. Il y a tant de choses merveilleuses à voir et à faire à l'improviste. TOUT va bien. La spontanéité, il n'y a que ça de vrai ! »

Malgré la fatigue, le regard de Norma laissait paraître une petite lueur.

— Ces gens sont intéressés par notre voyage ? s'est-elle étonnée. Mais je ne comprends pas pourquoi.

J'ai été surprise par la vague de soulagement que j'ai ressentie en voyant Norma partager notre enthousiasme. Tim avait en quelque sorte raison. J'ai trouvé la paix grâce aux photos, mais pas seulement. Le réconfort venait d'avoir partagé notre histoire, et je voyais maintenant à quel point je m'agrippais à mes attentes.

Il fallait se rendre à l'évidence : la météo bouleversait nos plans, Norma bouleversait nos vies et cette nouvelle situation bouleversait ce qui constituait mon identité. Je me sentais seule et déstabilisée ; je découvrais à nouveau la route, ainsi que mon mari et ma belle-mère. Je devais me laisser porter au lieu de résister.

Les commentateurs du blog avaient vu quelque chose que ma peur m'avait empêchée de comprendre : même les nomades ont besoin de ralentir et de se défaire de leurs attentes. En quelques heures, tous les projets que nous avions pour les quatre mois à venir avaient changé. Désormais, notre plan était simple : nous n'en avions pas.

*

Nous sommes restés trois jours à Mackinaw City avant la tombée du vent et l'ouverture du pont aux gros véhicules. Traverser le Big Mac était une sorte de rite de passage. Nous entrions dans la péninsule supérieure qui offrait un cadre différent, un paysage plus rude et plus désert. Une dense forêt de bouleaux, de cèdres et de pins dominait le panorama sur le côté nord de la route qui elle-même était bordée d'une lisière infinie de solidages, de massettes et de carottes sauvages. Au sud, la vaste étendue du lac Michigan et sa bordure préservée laissaient entrevoir un passé rural.

Alors que nous changions de fuseau horaire, Norma regardait attentivement à travers la grande fenêtre du coin repas.

— Bienvenue dans le Wisconsin ! ai-je annoncé.

Tout excitée, elle a parlé assez haut pour que je l'entende :

— Oh, je n'étais jamais venue dans le Wisconsin !

Tim et moi ignorions que c'était la première fois qu'elle traversait la frontière avec l'État voisin. Nous étions très vite arrivés en terre inconnue. Nous allions nous amuser.

Le paysage de l'État « laitier » était vallonné et parsemé de granges rouges, de ballots de foin et de vaches noires et blanches – une vue qui ne demandait qu'à figurer sur un puzzle. Beaucoup des granges un peu anciennes dont la peinture s'était estompée avec les années arboraient des messages publicitaires – *Tabac à chiquer Pouch* ou *Buvez Coca-Cola*. Norma semblait un peu nostalgique devant ces reliques. Elle voulait voir le mont Rushmore, et nous étions déterminés à l'y emmener avant que sa santé ne déclinât davantage.

*

Pour aller d'un point A à un point B sans avoir de destination particulière entre les deux, beaucoup de gens choisissent de s'arrêter ailleurs que dans des campings. Et trouver un endroit pour garer une maison ambulante gratuitement pendant la nuit est plus facile qu'on pourrait le penser. Grâce à une application, Tim et moi avons constitué une carte de tous nos points de chute. Il y a bien les aires de stationnement, mais les moteurs diesel des camions sont très bruyants. Nous avons découvert que les hypermarchés, les casinos amérindiens et les restaurants Cracker Barrel étaient très accueillants.

Les règles sont simples : toujours appeler au préalable pour demander la permission et ne jamais rester plus d'une nuit. Parfois, la chance nous faisait le cadeau d'une vue sur des collines et de vastes plaines. Et parfois, eh bien… Il y avait un carnaval ou un rassemblement de *monster trucks*, ces pick-up hors normes et surpuissants. Alors, nous étions envahis par l'odeur de pop-corn et de barbe à papa, ou celle des gaz d'échappement de gros véhicules écrasant une rangée de voitures délabrées. Mais nous étions devenus complètement sourds aux bruits des voitures, aux rires des enfants et à la musique du sempiternel manège qui tourne dans un coin du parking. Nous étions tout simplement reconnaissants d'avoir un endroit sûr pour nous reposer, de pouvoir nous détendre chez nous, les pieds sur le canapé, profitant d'un bon plat que Tim avait préparé.

Cela faisait longtemps que nous nous arrêtions dans ce genre d'endroits, mais nous n'avions peut-être pas précisé la fréquence de ces nuits sur parking. Pour ce voyage, nous allions faire la même chose, alors il fallait préparer Norma. Nous ne savions pas comment elle allait réagir si nous nous arrêtions devant un hypermarché du bricolage en nous exclamant « Que c'est bon d'être chez soi ! »

Dans le Minnesota, nous avons familiarisé Norma avec ce mode de camping à l'ombre des arbres, sur le parking du casino Oneida de Green Bay. Un peu plus tard, nous nous sommes arrêtés pour la nuit sur un parking de Blue Earth.

Norma nous a impressionnés par sa disposition à quitter son petit confort et à dormir dans ce genre d'endroits – nous en connaissons beaucoup qui ne le feraient pas. Nous voulions tâter le terrain au plus vite pour savoir ce qui était envisageable.

Les conseils prodigués par les commentateurs du blog étaient encore frais dans mon esprit. Mon rôle se situerait en haut de la pyramide des besoins, tandis que celui de Tim allait être de veiller à l'essentiel. Il se concentrerait sur la nourriture, l'eau, l'emplacement et la sécurité, pendant que je tenterais d'enrichir nos vies en créant du lien, de la spontanéité, de la créativité, des expériences et du sens. Je ne voulais pas seulement m'attendre à l'inattendu : je voulais l'embrasser complètement.

Nous avons garé le camping-car dans la seule partie plate du parking d'un Walmart, puis nous avons emmené Norma explorer les environs. Pour faire pratique, nous avons traversé la rue en poussant son fauteuil avec Ringo dessus, et nous nous sommes dirigés vers un restaurant Dairy Queen. Nous voulions montrer à Norma une curiosité qui se situait derrière le bâtiment.

— Regarde un peu ! a dit Tim, savourant le moment.

Nous nous tenions devant la plus grande – et je crois la seule – statue du célèbre Géant vert. L'emblème des légumes en conserve se dressait devant nous du haut de ses dix-sept mètres.

Je voulais aller voir cette statue insolite dès le début du voyage pour donner le ton. Nous étions prêts à tout. Nous voulions nous lâcher, et peut-être même chasser un peu du sérieux du visage de ma belle-mère.

Elle-même vêtue d'un pull vert brodé, Norma s'est levée de son fauteuil et a clopiné vers la statue. Une fois à sa hauteur, elle nous a donné sa canne et, les mains sur les hanches, elle a imité la pose du Géant.

J'ai sorti mon appareil et pris des photos entre deux éclats de rire, ravie par la vue de cette petite femme, habituellement si réservée, en faire des tonnes devant l'énorme mascotte verte.

C'était la première fois que Tim et moi la voyions vraiment sourire. En parcourant les vieilles photos de famille durant les cinq semaines de préparatifs, nous avions tous deux été frappés par le visage austère que Norma avait sur chacune d'elles.

— Je ne suis pas photogénique, c'est tout, m'avait-elle dit. Je ne l'ai jamais été.

Pour elle, c'était comme ça.

Après seulement deux jours de voyage, elle nous montrait une Norma que nous ne connaissions pas : non seulement elle était joyeuse et souriante, mais elle était aussi taquine. Elle s'amusait, tout simplement. Elle a suivi l'ombre du Géant vert jusqu'à une reproduction en bois de la Petite pousse verte, son acolyte. Nonchalamment, Norma a mis la tête dans un trou à cet effet et posé pour une autre photo, une joie espiègle sur son visage. J'ai soudain compris qu'il y avait plus de vie dans cette femme que je ne l'avais imaginé. Elle savait embrasser le sublime et l'absurde. Elle ne reculait pas devant la nouveauté, elle s'y prêtait avec un signe de la main ou une posture amusante, sans se poser de questions.

Peut-être avait-elle toujours eu cette capacité en elle, sans jamais pouvoir l'exprimer. L'âge et la maladie lui donnaient peut-être la liberté de faire des choses qui l'auraient gênée auparavant. Peut-être qu'étant loin de sa maison de Presque Isle et de ses responsabilités, elle se sentait plus libre d'exister.

Peut-être en avait-elle assez de se soucier d'être photogénique ou non. En tout cas, elle était prête à faire de vraies photos : facétieuses, sarcastiques, joyeuses et authentiques.

C'était réconfortant. La femme que je connaissais depuis presque vingt ans, et Tim, toute sa vie, n'était plus seulement « Norma » ou « Maman », elle était devenue « Miss Norma ». Cette femme de quatre-vingt-dix ans n'en avait pas fini avec la vie. J'étais convaincue que nous allions apprendre des nouvelles choses de la personne la plus improbable : ma belle-mère.

Nous avons continué sur l'autoroute 90 à travers le Middle-West, en prenant le temps de découvrir les attractions touristiques que nous trouvions sur la route. Nous n'avions pas à revoir notre itinéraire pour le mont Rushmore, car le chemin était parsemé de lieux insolites. Lors de nos précédents voyages, Tim et moi ne faisions pas systématiquement de pause, mais cette fois, nous nous efforcions d'aller voir tout ce qui nous plaisait. Le sourire de Norma nous donnait envie de continuer à la rendre joyeuse.

Et pour cela, il fallait nous arrêter à Mitchell, dans le Dakota du Sud, là où se trouve le seul Palais du maïs du monde – ou, comme les autochtones l'appellent, la plus grande mangeoire à oiseaux. Le Palais avait été construit pour célébrer l'abondance des moissons. Les murs de l'édifice sont ornés de fresques à thème entièrement composées d'épis de maïs, de paille et d'autres matériaux naturels. Tous les ans, les créations sont renouvelées. Par chance, nous sommes arrivés en plein festival, le moment où les nouvelles fresques sont dévoilées. Les rues étaient fermées, et le maïs était au centre de tous les regards.

— Toi et Ringo, mettez-vous là.

Tim donnait des instructions à sa mère tandis que je les prenais en photo devant un épi de maïs géant à forme humaine. Norma était déjà très à l'aise avec Ringo, le vrai coup de foudre.

Sur les 450 kilomètres suivants, entre Mitchell et Rapid City, le paysage du Dakota du Sud se résumait à d'immenses champs de tournesols, une absence totale d'arbres et une abondance de panneaux publicitaires. Succombant à l'appel de centaines de pancartes peintes à la main, nous nous sommes arrêtés à la galerie marchande Wall Drug.

Il faisait trente-six degrés dehors. Un tour dans l'énorme attraction touristique climatisée s'imposait. Le propriétaire de l'épicerie ouverte en 1931 s'était fait un nom en proposant un verre d'eau glacée gratuit aux voyageurs assoiffés qui étaient en route vers l'Ouest et le mont Rushmore. Nous aussi, nous avons eu droit à notre rafraîchissement.

Alors que nous déambulions entre les grandes enseignes à la recherche de cartes postales, Norma s'est arrêtée pour caresser un bison empaillé dont la stature la rétrécissait prodigieusement. Elle n'a pas non plus hésité à monter sur une statue de *jackalope*[1] géante qu'elle avait aperçue dans une cour extérieure. Elle reprenait vie devant nos yeux.

---

1. Créature mythologique du folklore américain, hybride de lièvre et d'antilope (toutes les notes sont de la traductrice).

Nous nous sommes installés dans un camping à côté de Rapid City, et le jour suivant, nous avons atteint notre destination : le mémorial national du mont Rushmore, situé dans les Black Hills près de la ville de Keystone. Le monument a été imaginé en 1923 pour promouvoir le tourisme dans l'État. Il a fallu quatorze ans à Gutzon Borglum et quatre cents ouvriers pour sculpter dans le granit les bustes colossaux des présidents américains George Washington, Thomas Jefferson, Theodore Roosevelt et Abraham Lincoln. Les têtes seules étaient aussi hautes que la statue du Géant vert.

Au centre d'accueil, ma timide belle-mère a allègrement pressé le piston d'un faux détonateur qui faisait partie d'une installation interactive. Elle a éclaté de rire quand la vidéo d'une véritable explosion est apparue sur l'écran devant elle. Un garçon de neuf ans s'est mis à rire en la regardant, inspiré par ses facéties. Bientôt sa famille riait aussi, et tout le monde autour de nous débordait de joie et encourageait Norma à faire exploser d'autres pans de montagne.

La joliesse de Norma était contagieuse – pas seulement pour nous, mais aussi pour les autres. D'un côté, il y avait la personne âgée qui avait besoin des soins et de la vigilance qui m'avaient inspiré l'angoisse du premier matin sur la route. Mais une autre Norma, « Miss Norma », nous faisait un cadeau inestimable en échange de nos attentions : sa joie pure, son esprit d'aventure, son désir de jouer avec le monde, de toucher et de goûter avec abandon.

Nous ignorions si son intérêt pour les statues de présidents venait de sa passion pour l'histoire, pour la géologie ou pour l'art, ou si elle y voyait un exploit extraordinaire. Cela n'avait pas d'importance. Elle ne pouvait plus détourner les yeux des bustes géants, elle lisait tous les panneaux du parc. Norma était une éponge, absorbant tout ce qu'elle pouvait. Et très vite, nous le sommes devenus aussi.

*

Norma ne trouvait pas les mots pour rédiger une liste des choses qu'elle voulait faire avant la fin ; c'était pourtant ce que nous avions espéré au début. Cela nous aurait aidés à tout planifier. Je me demandais si c'était l'âge. Était-elle désormais incapable d'exprimer ses idées ? N'était-elle tout simplement pas habituée à rêver ou à ce qu'on lui demandât ce qu'elle voulait ? Finalement, nous avons appris à apprécier les possibilités que nous offraient ses réticences.

Sans liste, nous pouvions improviser. Il y avait tant à faire et à voir. C'était la vie que Norma voulait savourer par-dessus tout. Une liste aurait été trop contraignante. Il ne s'agissait pas pour ce voyage de rayer les unes après les autres des choses écrites à l'avance. Comme nous l'avions appris avec le retard du pont Mackinac et avec les attractions de bord de route, il était question de vivre le moment présent, d'accepter ce qui nous tombait dessus. Il n'y aurait pas de regrets, et faire la course avec le temps était inutile.

Il nous fallait tout de même décider où aller ensuite. Heureusement, nous avions quelques indices. Norma adorait la géologie. Elle avait l'esprit patriotique. Même si elle n'avait jamais été artiste professionnelle,

elle avait étudié les arts plastiques à l'université, et d'après moi, l'art et la création étaient profondément ancrés en elle. Elle avait confectionné des paniers qu'elle avait donnés à des œuvres de charité, fabriqué des bijoux en argent, des pots en argile et réalisé des dessins au fusain. Et son incroyable jardin était l'illustration de son intérêt pour la nature.

Nous allions saisir les opportunités et laisser les intérêts de Norma ouvrir la marche. La confiance vigilante et la complicité seraient nos guides. Aucune expérience ne serait trop insignifiante. La différence entre vivre et survivre n'était pas si subtile après tout. Norma nous le montrait déjà. Nous étions plus rayonnants, plus vivants et plus enclins à dire « oui ». Nous voulions aller au-devant des choses et nous engager, en espérant découvrir, rire et nous laisser émouvoir.

Je n'ai donc pas été surprise quand Tanya, une amie dont je n'avais pas eu de nouvelles depuis quinze ans, m'a envoyé un e-mail me disant :

« Je pense à toi. J'espère que tu vas bien. On habite dans le Dakota du Sud maintenant. Donne-nous des nouvelles. »

« Nous y sommes en ce moment même ! » me suis-je empressée de lui répondre.

Précisant que nous voyagions avec la mère de Tim, je lui ai envoyé un lien vers la page Facebook de Norma et expliqué qu'il était plus facile de faire la chronique de nos aventures sur les réseaux sociaux que sur mon blog.

« Est-ce que ta belle-mère aime la bière ? Josh et moi possédons une brasserie artisanale à Spearfish.

Je serais ravie de vous apporter quelques bouteilles à déguster au camping. »

Sans hésiter, j'ai répondu oui.

Peu après, mon amie est arrivée avec trois packs d'une des bières primées de la brasserie Crow Peak. Tim a servi un verre de Canyon Cream à Norma. Après en avoir bu une gorgée, elle a levé les yeux et, avec une étincelle dans le regard, elle a déclaré :

— Je n'aurais pas pu faire ça dans une maison de retraite !

Elle s'est ensuite empressée de boire une autre gorgée.

La profondeur de cette remarque m'a beaucoup touchée. Le sens de notre entreprise était là : donner à une mourante qui avait toute sa vie tant aimé et protégé les autres la possibilité de découvrir de nouvelles choses tout en savourant ses derniers jours.

Tout a changé. Aucun de nous ne savait ce qui allait arriver ensuite. Mais nous savions une chose : emmener Norma sur la route s'avérait déjà être une bonne décision.

CHAPITRE 4

Se faire confiance

Parc national de Yellowstone, Wyoming
Septembre

TIM

Les monts Bighorn s'étendent du nord du Wyoming au sud du Montana. On y trouve des cirques naturels, des vallées en U et des lacs glaciaires entre des sommets pouvant atteindre 4 000 mètres. C'est là que, pour la première fois pendant ce voyage, nous nous sommes confrontés à l'altitude.

— On peut y arriver, ai-je dit, en lançant notre maison motorisée sur la route de montagne sinueuse. Beaucoup de gens empruntent ce genre de routes en camping-car.

Le volant était humide sous mes mains moites.

Dans ces moments angoissants, Ramie ne parlait presque plus ; elle respirait à peine. J'ai mis son attitude sur le compte de l'exagération, me disant qu'elle se détendrait une fois le sommet atteint. Mais plus nous montions, pire c'était. Quelque chose n'allait vraiment pas. J'avais beau presser la pédale d'accélérateur à fond, le camping-car faisait presque du surplace. Le soleil de septembre me faisait mijoter à travers la fenêtre, rendant la situation encore plus inconfortable. Tandis que notre vitesse dégringolait de soixante à quinze kilomètres par heure, je cherchais un endroit pour arrêter le véhicule. Rien. Le précipice. Je sais maintenant que le bouton REMORQUAGE/TRANSPORT au bout du levier des essuie-glaces nous aurait épargné cette épreuve, mais je n'étais encore qu'un novice. Tandis que le camping-car perdait son élan, la seule solution qui s'offrait à nous était d'aller de l'avant.

— On va y arriver ? a demandé Ramie en se mordant les doigts.

— Mais oui ! ai-je bluffé.

Je savais que nous arrêter au milieu de la route à ce moment-là aurait été catastrophique.

Assise à sa table, ma mère regardait le magnifique paysage par la fenêtre, dans l'ignorance la plus totale de la situation. Soit elle savait que nous nous en sortirions, soit – et c'est plus probable – elle n'entendait rien de nos échanges paniqués.

Mon pied était prêt à traverser le plancher quand j'ai vu un panneau indiquant que nous approchions enfin le sommet du col.

— Allez, encore quelques mètres, ai-je imploré tout bas.

Nous étions presque à l'arrêt quand la route s'est mise à redescendre vers la prochaine vallée. Nous avions atteint le point de basculement.

— Je savais qu'on y arriverait, chérie, ai-je dit avec le plus d'assurance possible.

À partir de là, la route était en pente douce jusqu'à notre destination du jour.

Ramie commençait de nouveau à respirer quand nous sommes arrivés dans la toute petite ville de Ten Sleep, dans le Wyoming.

— Pourquoi « Ten Sleep » ?

Nous nous posions tous les trois la question en passant devant le panneau qui nous souhaitait la bienvenue dans cette bourgade de 257 habitants. Il s'avère que cette petite commune d'éleveurs, riche en histoire, avait été baptisée ainsi, car il y avait dix jours de voyage ou « dix sommeils » entre les grands camps Sioux de la région, d'où *ten sleep*.

Au camping, un parc à l'ouest de la ville qui hébergeait également les chevaux, nous avons été accueillis par des chariots anciens débordants de fleurs. Le propriétaire, qui plantait des arbres à notre arrivée, était un homme bienveillant et fier de son établissement. C'était notre oasis après la traversée des monts Bighorn. Après nous avoir souhaité la bienvenue, il a procédé aux formalités administratives, nous a offert des bouteilles d'eau fraîche et accompagnés jusqu'à notre emplacement pour s'assurer que nous serions bien installés. Une fois le camping-car nivelé et raccordé, nous avons tous inspiré profondément pour la première fois de la journée.

Un chemin de terre nous séparait d'une piste de rodéo. Nous avions aussi vue sur un terrain de football américain. Les joueurs venaient de terminer l'entraînement et s'affairaient autour des gradins, attendant que l'on vînt les chercher en voiture. Ma mère a remarqué qu'il y avait quelques filles parmi eux. Elles portaient une épaulière et un casque.

— Je rêve ou ces filles sont aussi en tenue ? a-t-elle demandé.

Elle ne rêvait pas. Nous avons appris plus tard qu'il n'y avait pas assez de garçons à Ten Sleep pour constituer une équipe complète, alors les filles étaient les bienvenues sur le terrain.

— Eh bien, ça fait plaisir à voir ! s'est exclamée ma mère.

J'ai regardé Ramie et nous avons échangé un sourire.

*

Deux cent quarante kilomètres plus loin, et non pas dix nuits mais une plus tard, nous exhibions fièrement le *pass* senior des Parcs nationaux de ma mère à l'entrée de Yellowstone. À deux centimètres près de chaque côté, nous y laissions nos rétroviseurs.

— Bienvenue à Yellowstone, Norma !

Chaque fois que nous franchissions la frontière d'un État, Ramie l'annonçait haut et fort en se tournant vers ma mère. Il semblait logique de faire de même pour les parcs nationaux.

Premier parc des États-Unis, Yellowstone et ses neuf mille kilomètres carrés de nature reposent sur un point chaud volcanique. Il renferme des canyons spectaculaires, des forêts, des rivières, des sources chaudes et des geysers, dont le célèbre Old Faithful. Il abrite également des centaines d'espèces animales : des ours, des loups, des wapitis, des antilopes, des loutres ou encore des bisons.

— J'espère qu'on va voir un ours, a déclaré ma mère en entrant dans le parc.

— On va voir des animaux sauvages, c'est sûr !

Ramie avait à peine fini sa phrase que je freinais à l'instar des autres automobilistes devant nous à cause d'un troupeau de bisons qui traversait la route. Ramie a vite sorti son appareil photo pour immortaliser la réaction de ma mère en apercevant un énorme mâle qui regardait par la fenêtre à côté d'elle. L'animal imperturbable a imprégné l'air de son haleine âcre avant de s'éloigner vers le bord de la route. Ringo n'était pas le moins du monde impressionné par ce spectacle. Son léger grognement indiquait à ma mère qu'il montait vaillamment la garde.

Tout en s'évertuant à prendre la photo parfaite, Ramie a continué :

— On va voir des mares de boue bouillonnantes et des geysers. Cet endroit est incroyable, Norma !

Nous avons tenu notre promesse en arrivant à l'Upper Geyser Basin quelques jours plus tard.

— C'est la plus grande concentration de geysers au monde, maman !

Des centaines des volutes de vapeurs s'élevaient au loin. Ce bassin de cinq kilomètres carrés contient presque un quart des geysers de la planète. On y trouve aussi des sources chaudes multicolores et des fumerolles mêlant le soufre à la vapeur d'eau. Sur le parking, l'odeur d'œuf pourri nous taquinait déjà les narines.

— Et tu pourras même les voir de ton fauteuil, a ajouté Ramie.

— C'est vrai ! Comment c'est possible ? s'est étonnée ma mère.

Nous lui avons expliqué que non seulement le bassin contenait des curiosités géologiques uniques, mais que les Parcs nationaux avaient construit un chemin d'accès adapté aux fauteuils roulants menant à la plupart d'entre elles.

— Ça devrait marcher, a-t-elle finalement dit avec un brin d'appréhension.

C'était notre premier arrêt important depuis le mont Rushmore. Ma mère avait visité ce dernier en fauteuil, mais tout y était pavé et sécurisé, c'était très rassurant. À Yellowstone, il n'y a qu'une passerelle en bois, à quelques centimètres au-dessus de la fine croûte qui recouvre la zone volcanique. Il n'y a pas de rambarde, juste une bordure de cinq centimètres de haut sur dix de large faisant office de garde-fou. J'étais le seul rempart entre elle et la terre sifflante et jaillissante, et je doutais qu'elle me fît tout à fait confiance.

L'Old Faithful n'était plus qu'à quelques mètres. Ramie et moi l'avions vu en éruption de nombreuses fois au cours des trente dernières années, mais c'était une découverte pour ma mère. À l'affût du moindre signe d'émerveillement, nous scrutions son visage quand près de trente-deux mille litres d'eau bouillante ont jailli à plus de trente mètres du sol pendant plusieurs minutes. Quand le geyser s'est apaisé, le public cosmopolite a applaudi devant le spectacle qu'offrait Dame Nature. Bouche bée devant une telle splendeur, ma mère ne pouvait plus détourner les yeux.

La foule s'est dispersée, et nous avons poursuivi notre déambulation vers les autres geysers aux noms variés : Anemone, Beehive, Lion, Spasmodic, Beauty et Chromatic. Je poussais le fauteuil aussi près du bord que possible pour que ma mère pût les admirer dans toute leur magnificence. Nous avons attendu patiemment les gargouillements du sol et les brèves éruptions d'eau et de vapeur.

— N'avance pas trop, s'est exclamée ma mère quand des gouttes d'eau nous sont tombées dessus.

Après plusieurs kilomètres, elle a décidé de m'accorder une pause. Elle a souhaité parcourir les quelques dizaines de mètres qui nous séparaient de la Morning Glory pool à l'aide de son fauteuil-déambulateur. Elle a étudié un long moment la source chaude vert émeraude cerclée de jaune et d'orange, fascinée par les couleurs créées par la réaction des bactéries qui proliféraient dans ces températures extrêmes. Ma mère semblait se perdre dans ce tableau envoûtant.

Cette source marquait la fin de l'itinéraire accessible aux chaises roulantes. Non loin de là, un sentier menait au Biscuit Basin et une pléthore d'autres geysers. La volonté de ma mère me motivait, alors je lui ai demandé si elle voulait continuer en fauteuil.

— Oui, bien sûr, a-t-elle répondu sans hésiter.

Au début, le terrain irrégulier ne m'a pas posé de problème, mais à mesure que la pente s'accentuait, j'avais de moins en moins d'éncrgie. À mi-chemin, l'enthousiasme de ma mère ne faiblissant pas, elle a insisté pour marcher. Mais la question était de savoir si elle serait capable de redescendre.

— On devrait rebrousser chemin, lui ai-je dit.

À petits pas, en me servant des freins du fauteuil, j'ai atteint le bas de la pente. Encore énergisé par les endorphines et l'adrénaline, j'ai repéré un autre sentier parallèle qui menait à une source chaude dont nous apercevions la vapeur, au bord d'une rivière. J'ai décidé de tenter notre chance.

Tandis que je manœuvrais le fauteuil de ma mère sur le chemin de terre, bataillant avec les racines et les cailloux, son petit corps se balançait d'avant en arrière comme une poupée de chiffon. Les mains agrippées aux bras du fauteuil, elle fronçait les sourcils, et ses lèvres disparaissaient dans une petite ligne contractée. Elle semblait très mal à l'aise, un peu effrayée peut-être ; son corps était tendu, elle résistait.

Nous avions réussi à arriver jusque-là. Cependant, même si nous pouvions nous targuer d'avoir traversé les monts Bighorn, affectivement, nous évoluions toujours sur terrain difficile. Les années de distance constituaient entre nous un abîme qu'il nous fallait à présent refermer. Les semaines précédentes, j'avais découvert le côté malicieux et aventureux de ma mère, et je désirais lui donner l'opportunité de voir tout ce que j'avais vu, sans entraves. Pouvait-elle me faire suffisamment confiance pour me laisser l'emmener hors des sentiers battus, pour la guider à la fin de sa vie ?

*

J'avais un peu plus de trois mois quand j'ai appris ce qu'était la confiance. Je venais de rencontrer mes nouveaux parents. À neuf jours de Noël, en 1957, ils avaient reçu leur cadeau en avance : moi.

Mes parents ont tous deux grandi pendant la Grande Dépression. Mon grand-père maternel travaillait par intermittence à Toledo dans l'Ohio et parvenait à peine à subvenir aux besoins de sa famille.

— Nous n'avions parfois que trois fines tranches de saucisson de Bologne pour nous six à dîner, nous racontait souvent ma mère.

La famille de mon père, qui vivait à Toledo, n'était pas tellement mieux lotie. On l'envoyait chaque été travailler dans la ferme d'une tante pour soulager sa mère qui élevait seule ses enfants. Au moins, à la campagne, il y avait de quoi manger sur la table.

Pendant la Seconde Guerre mondiale, mes parents ont chacun décidé de se porter volontaire. Mon père a intégré l'armée de l'air à la base d'Hickam Field à Hawaï, au sein des bureaux de l'US Army Air Corps, le précurseur de l'US Air Force. De son côté, ma mère a voulu suivre Ralph, son frère aîné, dans la Navy. Ralph, qui avait alors dix-sept ans, n'avait même pas l'âge de s'enrôler, mais mon grand-père a refusé de laisser ma mère s'engager avant ses vingt ans. Quand elle a enfin rejoint les Women Accepted for Voluntary Emergency Services[1], les WAVES, elle a fait ses classes à New York, puis un train l'a emmenée jusqu'en Californie *via* le Canada et le Nouveau-Mexique. Sa destination était l'hôpital militaire de San Diego, où elle a travaillé comme infirmière pendant un an et demi. Elle aimait raconter qu'elle était éligible à la prime pour les

1. Femmes volontaires affectées aux services d'urgence, dont l'acronyme WAVES signifie « vagues ».

opérations extérieures puisque le train avait quitté le sol américain.

— Il ne faut rien négliger, disait-elle.

Je crois qu'à Ten Sleep, elle s'était reconnue dans ces jeunes joueuses de football américain. Elle croyait autant à la force des femmes que quand elle avait fait partie des premières à intégrer la Navy presque soixante-dix ans auparavant.

Ralph et mon père s'étaient liés d'amitié après la guerre. De retour à Toledo, ils se retrouvaient pour boire des bières et bricoler des voitures. Un soir, Ralph a présenté son ami à sa sœur. Le jeune couple s'est marié peu de temps après. Dans les années 1950, quand l'optimisme régnait aux États-Unis, mes parents ont appris qu'ils ne pouvaient pas avoir d'enfants. Ils sont alors devenus famille d'accueil pour une organisation caritative catholique jusqu'à l'arrivée d'un petit garçon qu'ils ont pu garder.

Quand j'avais six ans, mes parents m'ont annoncé que j'avais été adopté. J'étais juste assez grand pour comprendre, mais cela ne changeait rien à mes yeux. Ils étaient mes seuls et uniques parents.

Peu après, on nous a annoncé au téléphone qu'une petite sœur allait arriver. Mes parents avaient fait la demande juste après mon adoption ; c'est dire le temps qu'il a fallu pour faire aboutir les démarches ! Un jour, le téléphone à cadran a sonné, et j'ai répondu. Quand l'interlocuteur a demandé à parler à ma mère, je lui ai rapidement passé le combiné. Elle était si animée pendant la conversation que je n'attendais qu'une chose : qu'elle raccrochât pour me raconter.

— Ta petite sœur arrive la semaine prochaine !

Je ne l'avais jamais vue aussi excitée. Et je ne savais même pas que nous attendions une petite sœur.

Quand Stacy est arrivée, c'était un beau jour pour nous tous. En descendant du bus, j'ai foncé jusqu'à notre modeste maison de Middlebury street, monté les escaliers à toute allure et couru jusqu'à la première porte à gauche. Et là, dans le coin de la chambre, près de la fenêtre, j'ai vu ma petite sœur dans son berceau pour la première fois. Elle était toute petite et toute rose, avec quelques cheveux sur la tête.

Ma mère était mère au foyer. Elle préparait les repas, confectionnait mes déguisements d'Halloween, m'aidait à apprendre mes leçons. Mon père avait un bon travail au sein de la compagnie d'eau et d'électricité de la région. Nous étions bien ancrés dans la classe moyenne, un exploit pour un homme qui avait perdu son père à l'âge de deux ans et qui n'avait pas fait d'études supérieures.

Mon père avait un poste de col blanc, mais il travaillait la nuit et les jours fériés, et son emploi du temps ne suivait aucune logique apparente. Certains jours, je ne faisais que l'apercevoir en vitesse quand il se levait ou quand il allait se coucher. J'écoutais parfois à la porte de la chambre de mes parents ses ronflements couverts par le bruit du ventilateur électrique. Je rêvais de jouer au base-ball avec lui ou de construire un nichoir pour oiseaux.

Peut-être est-ce pour cela que j'ai toujours été plus proche de ma mère. Après tout, elle avait tout le temps de s'occuper de moi. Armée de son exemplaire de *Comment soigner et éduquer son enfant*, elle appliquait les principes de son auteur, le Dr Benjamin Spock, en se fiant à son propre instinct et à ses compétences. Elle a appliqué beaucoup des principes du pédiatre, comme entretenir les habitudes sans en faire des lois rigides, accepter que son bébé puisse se comporter de façon inhabituelle, faire évoluer les méthodes d'éducation ou satisfaire le besoin d'amour des enfants.

Cette approche n'a pas fait de moi un enfant narcissique et insolent, comme certains détracteurs du Dr Spock le prédisaient. À mon avis, c'est même le contraire. Avec le recul, je crois que c'est certainement à ces principes que je dois mon goût prononcé pour l'indépendance. Ma mère se faisait confiance pour bien m'élever, elle savait que je deviendrais quelqu'un de bien grâce à ses efforts. Son assurance m'a aidé à développer la mienne. Ce que je voulais plus que tout maintenant était de ne pas la décevoir.

Il est possible que cette philosophie ait influencé le choix de ma mère à la fin de sa vie. En 1946, quand le livre a été publié, les médecins faisaient figure d'autorité aux États-Unis, mais le Dr Spock a donné aux parents de l'après-guerre la permission de suivre leurs intuitions. Ma mère avait sûrement puisé dans cette expérience quand elle a refusé les traitements et dit aux médecins qu'elle allait « prendre la route ».

À Yellowstone, j'avais bien grandi. Pendant des années, ma mère et moi avions été séparés par le temps et la distance, et nous n'avions aucun lien biologique. Mon père et ma sœur étaient morts. Ma mère comptait désormais sur moi pour la nourrir, prendre ses décisions médicales et financières, et pour veiller sur elle. À son âge, vulnérable et malade, pouvait-elle se reposer sur moi ? Notre confiance était-elle réciproque ?

J'avais renoncé à fonder une famille, car je ne voulais pas de cette responsabilité. Je trouvais trop angoissante la perspective d'aller me coucher chaque soir avec une maisonnée qui attendrait de moi de me lever tous les matins pour lui apporter la sécurité affective et financière qu'un parent est en devoir de donner. La situation de ma mère m'obligeait à prendre un tel engagement. Nos rôles étaient maintenant inversés : elle devait me faire confiance pour le temps qui lui restait à vivre.

*

Renversant le fauteuil, j'ai manœuvré les roues arrière à reculons par-dessus une énorme racine qui nous séparait de la source chaude près de la rivière. Ma mère, toujours agrippée et le visage crispé, avait tous les muscles en alerte, comme si elle se préparait à un désastre.

— Norma, a dit Ramie. Tim te tient bien. Ça va aller. Tu peux te détendre.

Nous retenions notre souffle ; c'était un moment de basculement semblable à celui de notre ascension difficile dans les monts Bighorn. Nous ne pouvions plus continuer à nous résister l'un l'autre. Après avoir longtemps évolué chacun de notre côté, nous étions devenus interdépendants. Il fallait apprendre à l'accepter.

Puis quelque chose de fabuleux s'est produit : ma mère a complètement lâché prise. Elle a écarté grand les bras, comme pour embrasser le monde ; les commissures de ses lèvres sont remontées, sa poitrine s'est ouverte et une expression de pure joie a illuminé son visage. Sa jubilation était contagieuse, elle s'est répandue en moi et en Ramie qui s'est empressée de prendre une photo pour immortaliser le moment.

La véritable magie de Yellowstone ce jour-là n'était pas à chercher du côté des merveilles géologiques, mais le long de la rivière où se déroulait ce petit périple. Ma mère a toujours été une femme forte, elle a consacré sa vie aux autres. Elle a traversé la plupart des drames de la vie – les vaches maigres, la guerre, l'infertilité, la mort de sa fille et celle de son mari –, et elle préférait dire aux siens de ne pas s'inquiéter plutôt que leur demander de l'aide. Mais à ce moment, elle avait besoin de moi – de nous. La confiance devait prendre le dessus si Ramie et moi voulions vraiment nous occuper d'elle, et nous devions accepter notre vulnérabilité pour nous laisser toucher par ce voyage, par les uns et par les autres.

Les bras ouverts, ma mère déployait tout son être dans une confiance totale, celle qui allait nous permettre de faire l'expérience d'une profonde liberté. Nous en avons pris conscience à ce moment-là. Sans confiance, nous retenons notre souffle, nous emmurons notre joie. Mais en prenant juste un instant pour nous souvenir qu'un autre est là pour nous aider, nous trouvons la liberté nécessaire pour lâcher prise, pour dire « Et pourquoi pas ? » et pour embrasser les chemins accidentés.

Plus tard, quand nous étions de retour sur la route pavée qui menait à l'accueil, ma mère nous a encore surpris.

— Tu m'as poussée toute la journée. Je t'accorde un peu de repos. Allez, laisse-moi te pousser un peu.

Jamais je n'avais été poussé en fauteuil roulant, et surtout pas par ma mère de quatre-vingt-dix ans. Les gens se disaient sûrement qu'elle se fatiguait depuis un bon moment d'après leurs regards désapprobateurs, mais elle ne l'a fait que très brièvement. Ramie a enregistré une petite vidéo que nous aimons regarder quand nous voulons rire de bon cœur. Les randonneurs que nous avons croisés ce jour-là ignoraient que nous avions fait bien plus qu'une balade en fauteuil. Nous avons senti la puissante étreinte de la montagne et celle de notre petite famille, nous avons goûté à la douce liberté qui vient quand on lâche enfin prise et quand on se laisse glisser dans les bras de l'autre après tant d'efforts.

Au cours du voyage, nous rappelions toujours ce moment à ma mère quand elle doutait de mes capacités ou d'autre chose.

— Tim te tient, Norma, lui répétait Ramie. Tu te souviens de Yellowstone ?

CHAPITRE 5

Penser autrement

Boulder, Colorado
Septembre

TIM

Depuis le parc de Yellowstone, nous avons roulé vers le sud du Wyoming le long de la chaîne de Wind River, traversé le Great Divide Basin, longé les monts de Medicine Bow pour rejoindre le Colorado. L'automne avait fait son œuvre ; les feuilles dorées des trembles oscillaient au vent et contrastaient magnifiquement avec ce ciel cobalt si typique de l'Ouest américain.

Nous vivions en altitude depuis un mois maintenant. Ramie et moi étions soulagés de voir que ma mère n'était presque pas indisposée. Elle a même été très active quand nous sommes arrivés dans notre camping au pied des montagnes Rocheuses. Elle marchait avec son fauteuil-déambulateur avec aplomb, et en cas de fatigue, elle s'asseyait dessus pour reprendre son souffle avant de continuer. Chaque jour, elle descendait les marches du camping-car pour s'aérer sur les chemins du site et revenir ravie jusqu'à notre emplacement près de la rivière Big Thompson. Elle passait ses après-midi sur la rive avec Ringo, assise dans son fauteuil, à siroter du thé, à tricoter, à lire ou à remplir des grilles de sudoku. Nous pensions que la vie était belle pour elle.

Mais en quittant le Michigan le mois précédent, Ramie et moi avions remarqué qu'elle avait le pied et la cheville enflés. Entre la mort de mon père et son cancer, nous n'avions pas eu le temps de nous en préoccuper. Sa jambe était à présent gonflée jusqu'au genou.

Et ce n'était pas la seule chose qui suscitait notre inquiétude. Elle était également prise de malaise quand elle se levait pour aller aux toilettes à l'arrière du camping-car. Son nez coulait en permanence. Elle somnolait toute la journée. Son cancer se manifestait chaque fois qu'elle se soulageait. Elle ne souffrait pas, et rien n'indiquait que la tumeur grossissait, mais elle utilisait deux protections féminines par jour, et elle détestait ça.

— Ce n'est pas bon signe, ai-je dit. Peut-être que l'altitude affecte sa circulation après tout.

— Je me demande si le problème ne vient pas des effets secondaires des médicaments, m'a répondu Ramie.

Ma mère en prenait beaucoup. Nous sommes allés chercher des réponses sur Internet.

Elle prenait des opiacés trois fois par jour pour des douleurs liées à l'arthrose. Ces médicaments peuvent provoquer des somnolences, une désorientation, des nausées, une constipation et, selon la dose, de l'hypoventilation. Ma mère présentait beaucoup de ces symptômes, et elle souffrait toujours. Un autre médicament, pour le cholestérol cette fois, pouvait expliquer l'écoulement nasal. Il lui avait été prescrit par un médecin qui avait quitté le Michigan des années auparavant, et ma mère n'avait jamais fait de visite de contrôle. Or nous avions appris récemment que son niveau de cholestérol était redevenu normal.

En continuant à chercher, nous avons découvert que les traitements au cannabis et ses dérivés étaient très prometteurs. Le cannabidiol (CBD) et le tetrahydrocannabinol (THC), deux composés chimiques présents dans la plante, appartiennent à la classe des cannabinoïdes. Le THC est connu pour son action psychoactive sur l'humeur, le comportement et la perception, cependant, il affûte les sens, a un effet relaxant et provoque parfois des fringales. En dépit de tous ces bienfaits – quelques kilos en plus ne lui auraient pas fait de mal –, je savais qu'elle ne voudrait pas en entendre parler.

En revanche, le CBD n'est pas psychoactif, et il a été étudié pour ses vertus médicinales. On a démontré ses effets positifs sur les patients souffrant d'inflammation, de douleur, d'anxiété, de psychose, d'épilepsie et de convulsions. Le CBD a même réduit la taille de certaines tumeurs cancéreuses.

Il nous incombait d'apporter le maximum de confort à ma mère en faisant en sorte qu'elle souffrît le moins possible. Les effets secondaires de ses traitements l'empêchaient d'avoir la sérénité et l'énergie pour embrasser la vie complètement, alors nous avons voulu explorer les alternatives.

Cela valait bien la peine d'essayer. Après tout, nous étions dans le Colorado qui était devenu en 2014 l'un des quatre États du pays à légaliser le cannabis et à le rendre accessible aux adultes. Mais il allait falloir en discuter avec elle.

Ma mère commençait à être très gênée par sa jambe. Avant de quitter Presque Isle, elle nous avait clairement fait comprendre que non seulement elle choisissait de ne pas suivre de traitement contre le cancer, mais qu'elle en avait fini avec les médecins.

— Fini les piqûres et les sondes, nous avait-elle dit.

Elle voulait retrouver son intimité et sa dignité. Mais nous voyions bien qu'elle était incommodée. J'ai demandé à Ramie si elle voulait bien lui parler de la crème au cannabis – je savais que ma mère la prendrait plus au sérieux que moi.

Mon hésitation était justifiée. Un jour, quand j'étais au lycée – et quand ma mère faisait ma lessive –, j'avais oublié de retirer un joint de la poche de ma veste avant de la mettre au sale. Ma mère n'en a pas dit un mot ; elle était comme ça. Mais plus tard, dans la poche de ma veste fraîchement lavée se trouvait un message :

« J'aimerais que tu arrêtes de fumer ça. Maman. »

Le joint avait retrouvé sa place, avec le mot. Ma mère lui avait épargné les cycles de lavage pour le replacer exactement là où elle l'avait trouvé.

Je suis sorti du camping-car et, nerveux, je suis resté près de la moustiquaire afin d'entendre leur conversation. Ramie a demandé si ma mère avait déjà entendu parler de crème au cannabis, une pommade qui contenait du CBD et des huiles essentielles, comme l'arnica, la menthe poivrée ou le genièvre, et à ma grande surprise :

— Bien sûr.

— Ça te dirait d'essayer ? a tenté Ramie. C'est censé soulager la douleur, et ça pourrait être bon pour ta jambe. On peut en acheter ici au Colorado.

— D'accord. Ça ne peut pas me faire de mal, a-t-elle répondu, presque sans réfléchir.

*

Mes parents n'ont jamais consommé de drogues à usage récréatif, mais les médicaments ont joué un rôle crucial dans la survie de mon père.

En 1978, il a été victime d'une crise cardiaque après laquelle il a dû subir un pontage coronarien. La première opération de ce type réussie sur l'homme avait été effectuée seulement un an auparavant, et même si, depuis 1977, les chirurgiens cardiaques pratiquaient des centaines de ces opérations chaque année, j'étais inquiet. Je venais d'emménager dans le Colorado, et j'ai dû prendre l'avion pour être avec ma famille. (Plus tard, j'ai appris que le père de Ramie était mort d'une crise cardiaque la même année.)

Heureusement, mon père a survécu, mais il souffrait d'une insuffisance coronarienne, une maladie chronique évolutive. Par la suite, il a dû être opéré encore deux fois. Pendant près de quarante ans, il a obéi aux médecins, pris tous les médicaments censés le maintenir en vie, sans jamais remettre en question son traitement.

Quand je lui ai présenté Ramie, c'était un homme de soixante-douze ans en bonne santé, mais certaines choses lui étaient devenues impossibles. Je l'ai vu se tourmenter à cause de ses limitations physiques, la conséquence de l'affaiblissement de son cœur. Je voyais sa frustration s'intensifier chaque fois qu'une tâche domestique ou un passe-temps lui devenait inaccessible.

— Quoi qu'il arrive, fiston, ne vieillis pas ! me disait-il.

Finalement, il n'a jamais pu suivre son propre conseil.

L'été précédant la mort de mon père, Ramie et moi avons franchi le seuil de sa porte pour trouver un homme débraillé et d'humeur fracassante.

— Heureusement que vous êtes arrivés, a dit ma mère.

Bouleversée, elle nous a raconté qu'ils étaient cloîtrés depuis des semaines, car mon père ne pouvait plus conduire. La dernière fois qu'ils étaient partis faire des courses à trente kilomètres de chez eux, il avait envoyé la voiture dans le fossé.

Il était assis dans le salon, au bord de son fauteuil inclinable, désorienté et presque incapable de parler. En plein après-midi, cet homme habituellement soigné présentait l'aspect d'un vieillard hirsute avec une barbe de trois jours. Au lieu de son pantalon et de sa chemise habituels, il portait un jogging large et un sweat-shirt sale dont dépassait son maillot de corps. Nous avons d'abord pensé qu'il s'agissait d'une blague. Mon père adorait faire ce genre de plaisanteries. Mais c'était sérieux.

De l'un et de l'autre, nous n'avons guère obtenu d'informations, seulement que les médecins avaient décrété qu'il allait bien lors de sa dernière visite. De toute évidence, ce n'était pas le cas, alors nous avons décidé de prendre en main son suivi médical.

— Comment papa peut-il s'y retrouver avec tous ces médicaments ?

Je ne revenais pas du nombre de boîtes qui s'étaient accumulées dans le placard de la cuisine.

— Timmy, m'a dit Ramie, il y en a d'autres dans le vaisselier.

— Il prend vraiment tout ça ?

Nous avons étalé une brassée de boîtes par terre dans le salon devant le fauteuil de mon père. Dessus figuraient des noms de molécules imprononçables, et les prescriptions étaient à renouveler plusieurs fois. Méthodiquement, nous avons étudié chacune d'elles, en faisant notre possible pour ne pas nous tromper sur les noms, et nous les avons montrées à mon père.

— C'est pour quoi celui-ci ? demandions-nous pour chaque boîte.

— Qu'est-ce que j'en sais, moi ? répétait-il de plus en plus agité.

Mes parents n'avaient pas Internet chez eux, alors nous nous sommes rendus en voiture à la bibliothèque locale pour faire quelques recherches. Non seulement il suivait le traitement habituel pour la tension et le cholestérol, mais il prenait aussi un anticoagulant pour les caillots sanguins, un diurétique pour éliminer l'eau la journée et un autre médicament pour ne pas uriner la nuit, un somnifère pour s'endormir ; comme un des médicaments lui donnait la nausée, il s'en était fait prescrire un autre par un médecin différent. Cela n'en finissait pas. L'antidépresseur a été la goutte d'eau qui a fait déborder le vase.

— Mais Papa a toujours été bien dans sa peau. Qu'est-ce qui le déprime ?

Petit à petit, j'ai compris que l'homme organisé et compétent que je connaissais et que j'aimais sombrait dans la négligence, la confusion et la dépression, pas parce qu'il était malade, mais à cause de cette surenchère incontrôlée de médicaments censés le maintenir en bonne santé. À quel moment le remède était-il devenu le mal ?

Comme si les effets secondaires de chaque médicament n'étaient pas assez inquiétants, nous avons vite découvert que leur prise simultanée pouvait s'avérer désastreuse. Devant nous, il y avait vingt-quatre boîtes et une infinité d'interactions possibles. En faisant correspondre les symptômes de mon père avec les effets secondaires répertoriés sur chaque notice, nous avons été en mesure d'en expliquer une grande partie.

La prochaine étape était de prendre rendez-vous avec chacun des médecins qui lui avaient prescrit quelque chose. Nous sommes allés les voir un par un.

Le pneumologue a cherché l'ordonnance du médecin référent. Son malaise était visible tandis qu'il peinait à répondre à la question simple que nous lui posions. Il avait simplement accepté la recommandation d'un autre médecin et ne savait plus pourquoi il soignait mon père. Nous avons annulé le rendez-vous suivant.

Un autre médecin ignorait tout bonnement que mon père prenait déjà un médicament contre-indiqué avec celui qu'il lui avait prescrit. Quand nous lui avons présenté le résultat de nos investigations, il a effectué les ajustements nécessaires.

Un autre médecin encore a admis que le somnifère était certainement trop puissant et qu'un calmant sans ordonnance serait tout aussi efficace. Ce qui a été le cas.

Nous arrivions un peu tard, mais nous avons très vite compris qu'il fallait être bien informé et savoir se faire entendre pour interagir avec le monde médical. *Medicare*, l'assurance maladie fédérale pour les personnes âgées, associée à une complémentaire pour les médicaments, ouvrait la porte des soins, mais personne n'avait guidé mon père dans le labyrinthe qu'était l'industrie pharmaceutique. Chaque médecin avait un remède, et mon père les prenait tous. Les compagnies d'assurance allaient dans le sens des laboratoires, et les spécialistes diagnostiquaient à la chaîne sans jamais communiquer entre eux. La médecine avait sauvé et prolongé la vie de mon père de nombreuses fois, mais ces traitements ne marchaient pas. À quatre-vingt-sept ans, il prenait des médicaments pour atténuer les effets secondaires d'autres médicaments, ce qui en multipliait les désagréments. Était-ce une vie ? Était-ce cela vivre en bonne santé ?

Nous avons pris la situation en main : nous avons éliminé certains médicaments et réduit le dosage d'autres. Cet été-là, nous sommes restés plus longtemps pour nous assurer que tout serait réglé à notre départ.

Le matin où notre Airstream a quitté l'allée, mon père s'était ressaisi : il était couché sous la tondeuse et réparait la courroie du moteur. Dans son jardin, ma mère arrachait les mauvaises herbes et coupait de la lavande pour la faire sécher. Ramie et moi étions très émus et reconnaissants que mes parents pussent jouir d'une telle qualité de vie, et nous repartions plus informés sur le fonctionnement de la médecine moderne.

*

Deux jours après que Ramie a convaincu ma mère d'acheter une crème au cannabis, nous avons pris la Jeep pour nous rendre dans un dispensaire que je connaissais. Ma mère ignorait où nous allions, elle avait pris place en voiture pour une balade qui devait nous emmener à Boulder en longeant les contreforts des Rocheuses. Les plaines s'étendaient à l'est, et nous pouvions admirer des kilomètres de paysage en cette journée sans nuages. Coïncidence quasi prophétique : l'autoradio diffusait les programmes d'une station reggae, *The Joint* ; la musique rasta était on ne peut plus à propos pour cette course que je n'aurais jamais imaginé faire avec ma mère.

Cette expérimentation valait bien la peine que nous traversions un petit moment de malaise. Nous sentions le poids de la responsabilité envers ma mère. Avec mon père, nous avions appris que la médecine traditionnelle pouvait parfois faire plus de mal que de bien.

Elle avait choisi l'aventure et la dignité plutôt que les traitements invasifs qui auraient pu aussi bien prolonger que raccourcir sa vie. Avec ces traitements, elle aurait passé ses derniers jours à l'hôpital, saturée de produits toxiques censés tuer sa tumeur. Il nous semblait absurde de lui faire passer le reste de sa vie dans un brouillard opiacé, les articulations si gonflées qu'elle en aurait été paralysée, saignant constamment. Ma mère avait choisi la qualité de vie. C'était notre rôle d'explorer toutes les possibilités, même si cela signifiait qu'il fallait aborder un sujet délicat pour elle.

— Tim, il faut que tu lui dises où on va, a insisté Ramie.

— Dis-lui, toi, ai-je rétorqué, nerveux.

Ramie invoquait rarement cet argument, mais cette fois, c'est sorti tout seul :

— C'est ta mère. C'est à toi de lui dire.

Elle avait raison, nous ne pouvions pas pousser ma mère par la porte d'un coffee shop sans la prévenir.

J'ai baissé le son de la radio.

— Maman, nous allons dans une boutique de marijuana à Boulder pour t'acheter quelque chose contre la douleur. D'accord ?

Une voix forte a couvert les faibles rythmes reggae :

— Ah ça, non alors !

— Fais attention aux mots que tu choisis, Tim, m'a reproché Ramie. « Cannabis » pas « marijuana ».

Levant la voix, Ramie a pris le relais :

— Norma, tu te souviens de l'autre jour quand nous avons parlé toutes les deux de cannabis pour ta jambe ?

— Oui, bien sûr.

— C'est ce qu'on va faire, on va voir si on peut trouver de la crème.

— Ah, d'accord. Ça me va, alors.

Au milieu des embouteillages de Boulder, Ramie et moi avons poussé un soupir de soulagement.

Vingt minutes plus tard, je me garais dans le parking du dispensaire, sur la place réservée aux handicapés près de la porte. Pendant mes années de fac, le local avait été un Dunkin' Donuts. Les fleurs de cannabis, les space-cakes et les huiles avaient remplacé les beignets, les pâtisseries et le café. Une fois ma mère installée dans son fauteuil, nous l'avons poussée jusqu'au vigile qui se tenait devant l'entrée.

— Je dois vérifier si cette jeune demoiselle a l'âge d'entrer, a-t-il plaisanté.

Sa carrure modeste le rendait bien moins impressionnant qu'un videur de boîte. Il a passé nos cartes d'identité dans un lecteur.

— Vos données seront protégées et ne seront pas communiquées aux autorités, a-t-il ajouté.

Après avoir passé la porte, nous avons pris un numéro et patienté dans la salle d'attente avec d'autres clients avant d'être appelés dans le magasin à proprement parler.

— Ça va, Norma ? a demandé Ramie en étudiant le groupe hétéroclite que nous avions rejoint.

L'endroit ressemblait davantage à un bar qu'à autre chose. Nous voulions nous assurer qu'elle ne se sentait pas mal à l'aise.

C'était la fin de l'après-midi. Les gens dans la salle d'attente sortaient visiblement du travail : une infirmière en tenue envoyait des SMS, deux peintres en bâtiment portaient un T-shirt maculé de peinture, deux types arborant le logo d'une entreprise locale parlaient boulot. Une jeune femme blanche avec des dreadlocks et un piercing au nez faisait les cent pas, répandant autour d'elle des effluves de patchouli ; elle lançait des coups d'œil vers l'afficheur électronique en attendant d'être appelée. Un homme d'affaire en costume lisait le journal. J'étais frappé par la normalité du florilège qu'il y avait autour de nous. On aurait pu rencontrer ces gens au supermarché ou dans la rue. Ma mère devait être du même avis que moi, car elle a répondu à Ramie que tout allait bien ; elle semblait détendue.

Quand le numéro 43 s'est affiché, Ramie et moi nous sommes levés. J'ai donné le ticket à une femme qui nous a conduits vers une porte robuste s'ouvrant sur le cœur du dispensaire. Dans la grande pièce bien éclairée, des comptoirs de présentation longeaient trois des murs. Nous avons été surpris de découvrir une petite foule à l'intérieur et une dizaine d'employés qui s'affairaient autour d'elle.

— Par ici, je peux m'occuper de vous !

On nous faisait signe. Nous avons poussé ma mère jusqu'à un coin de la pièce.

Nous avons été servis par une agréable jeune femme responsable de l'un des comptoirs du « cannabistrot ». À côté d'elle, un réfrigérateur avec une porte en verre contenait des sucreries au cannabis ; l'assortiment de cookies, de brownies, de cheesecakes et de bonbons, étiquetés en fonction du dosage, fascinait ma mère.

À côté des pipes en verre, des vaporisateurs et autres accessoires étaient disposés dans de grands bocaux avec des variétés « maison » différant entre elles par la couleur, le degré de puissance, le goût ou encore l'arôme… un peu comme les vins. Tandis que l'on montrait des têtes de cannabis à d'autres clients, l'odeur âcre de la plante, rappelant un peu celle d'un putois, parvenait jusqu'à nous. Me retrouver là avec ma mère était complètement surréaliste.

Mais nous n'étions pas là pour les fleurs ou les gâteaux. Nous nous intéressions aux produits sur les étagères et derrière le comptoir : les remèdes contenant du CBD.

— Bonjour. Voici Norma, ma mère. Elle a quatre-vingt-dix ans. Elle serait intéressée par vos crèmes au CBD.

— Waouh ! On n'en a pas souvent des dames de quatre-vingt-dix ans ici, s'est exclamée notre vendeuse.

Elle était manifestement ravie de voir une vieille dame en fauteuil dans sa boutique. Elle a appelé l'un de ses collègues pour partager ce moment insolite et solliciter son expertise.

— Oui, ai-je continué. On cherche une crème pour soulager son arthrite et sa jambe enflée.

Ma mère a soulevé son pantalon pour leur montrer. Une demi-heure durant, nous avons posé de nombreuses questions et appris une quantité incroyable de choses sur les produits dérivés du CBD et leurs applications. On nous a montré des huiles, des infusions et des gélules. Après délibération, nous avons décidé d'acheter un petit flacon de crème extra-forte à appliquer sur les jambes et sur les mains.

Puisque ma mère semblait intéressée par cet échange, je me suis dit que nous pourrions aller plus loin en adoptant cette approche pour toutes ses douleurs. J'ai expliqué à nos deux experts en cannabis que nous songions à remplacer les opiacés par des gélules de CBD. Ils ont recommandé la prudence.

— On a déjà vu ces produits fonctionner pour la douleur, nous a dit le jeune homme, mais je recommanderais plutôt de commencer par en prendre en complément de son traitement. Vous pourrez la sevrer des opiacés progressivement si vous constatez que ça marche.

— Ça me va, a dit ma mère.

Nous avons quitté les lieux avec notre crème au cannabis et une boîte de gélules de cinq milligrammes.

Ma mère a appliqué la crème sur sa jambe enflée et ses mains noueuses juste avant d'aller se coucher vers 21 heures. Le lendemain, elle mourait d'impatience de sortir de sa chambre pour nous montrer que sa jambe avait dégonflé au moins de moitié. La peau se plissait à nouveau là où elle avait été distendue. Sa main allait mieux.

Elle s'est également mise aux gélules. Nous voulions y aller progressivement, mais son état s'est tellement amélioré qu'après seulement une semaine elle a pu arrêter les opiacés. Elle a eu quelques nuits difficiles au début, mais très vite, une gélule par jour a suffi à soulager ses douleurs plus efficacement. Nous étions très contents.

Nous avons alors déposé les médicaments de ma mère au recyclage. Les vertiges, la léthargie et l'écoulement nasal n'étaient plus qu'un mauvais souvenir. La douleur était sous contrôle, sans effets secondaires.

Nous ne sommes pas des experts en médecine, bien sûr, mais quand il s'agissait de ma mère, nous devions nous demander si un traitement pouvait être vraiment bénéfique alors qu'il lui enlevait toute joie de vivre ou qu'il engendrait des effets secondaires en cascade pour une efficacité douteuse. La qualité de vie est une question essentielle que la médecine moderne commence tout juste à explorer. Tout ce que nous pouvons dire, c'est que depuis son diagnostic, le souhait de ma mère avait été de profiter le plus possible de ce que la vie avait à lui offrir. Notre désir était simplement de le respecter autant que possible.

Quatre jours après le début de son traitement au CBD, pendant que je promenais Ringo, elle a discrètement murmuré quelque chose à Ramie, comme si les murs avaient des oreilles :

— Je crois bien que j'ai arrêté de saigner.

— C'est vrai ?

Et toujours à voix basse, elle a ajouté :

— Je crois qu'il faut qu'on retourne au magasin de marijuana.

Alors nous y sommes retournés.

Chapitre 6

Rêver

Jemez Pueblo, Nouveau-Mexique
Novembre

RAMIE

Au début de ce voyage, ma belle-mère n'avait évoqué qu'une seule destination : le Nouveau-Mexique. Pour le reste, nous décidions au jour le jour, tout en sachant que cet État serait une étape obligatoire. Elle n'arrivait pas à nous dire exactement pourquoi la « Terre de l'enchantement » la fascinait tant ; nous étions lancés dans un jeu de piste.

Après une halte à Prescott, nous avons emmené Norma admirer le Grand Canyon avant de prendre l'autoroute jusqu'à Gallup au Nouveau-Mexique. Alors que nous traversions le Painted Desert, nous avons eu l'idée de faire étape au musée national de la Seconde Guerre mondiale à La Nouvelle-Orléans, en Louisiane, avant de nous rendre en Floride pour l'hiver. Norma était tellement contente à l'idée de visiter ce musée que cela m'a fait réfléchir. Peut-être le désir de Norma de voir le Nouveau-Mexique venait-il de son voyage en train de 1945.

Cette année-là, Norma n'avait que vingt ans. Elle quittait la maison pour la première fois dans le but de servir son pays en tant qu'infirmière à l'hôpital militaire de San Diego. Avant de se porter volontaire, elle ne s'était jamais éloignée de Toledo de plus de trente kilomètres.

Je l'imaginais, ravissante et menue, ses jolies boucles contre la fenêtre, tandis que le train filait à travers les déserts de l'Ouest américain. Tout lui était inconnu, tout était nouveau. L'air aride devait dessécher sa peau de jeune fille. Elle avait certainement collectionné dans son esprit les images de lieux et de gens dont, jusqu'alors, elle n'avait pu se faire une idée que grâce aux films de cowboys et aux livres illustrés.

Qu'avait-elle donc vu ? Avait-elle traversé des terres amérindiennes sur ces rails symbolisant l'intrusion des colons ? Avait-elle aperçu au loin des *pueblos* en adobe ? Des enfants apaches ou navajo jouer dans la terre tandis qu'elle passait à quelques mètres d'eux, ou des mères avec leurs bébés emmitouflés dans des paniers tressés, agrippés à leurs longs cheveux noirs ?

Je l'imaginais admirer une éclatante aurore sur Santa Fe pendant que son train s'ébranlait en direction d'Albuquerque. En suivant la course du soleil vers San Diego, elle devait être envoûtée par les aspérités du paysage sans végétation et par le ciel ouvert, si différent de celui de son Toledo natal, une cité industrielle grouillante, hérissée de cheminées et parcourue de tramways.

Ce voyage avait eu lieu plus de soixante-dix ans auparavant. Avide de détails, j'ai demandé à Norma de m'en dire plus, mais elle ne se souvenait que d'être passée par là sans s'arrêter. On ne pouvait pas lui en tenir rigueur, c'était il y a si longtemps. Nous savions que le Nouveau-Mexique l'avait marquée, et après tout ce temps, nous devions l'aider à y vivre une expérience authentique.

*

— Que dirais-tu d'aller à Chaco Canyon ? ai-je demandé à Norma. Si les pistes autour des vestiges précolombiens s'avèrent trop difficiles avec le fauteuil, tu devras peut-être marcher avec ta canne, mais ça a l'air vraiment sympa.

Sur le chemin, j'énumérais toutes les attractions du Nouveau-Mexique pour l'aider à se décider.

La perspective de l'effort physique la faisait hésiter.

— Je ne sais pas trop si je vais pouvoir y arriver, a-t-elle dit.

Nous avions passé Gallup et nous approchions du camping Coronado à Bernalillo, notre camp de base pour les jours suivants. Mark, un ami de Basse-Californie, allait venir du Colorado pour passer un peu de temps avec nous.

— Hum… La vieille ville d'Albuquerque, ça pourrait être sympa, ai-je réessayé en arrivant.

Avec chaque suggestion, j'espérais une réaction positive de la part de Norma.

— C'est un lieu d'histoire, d'artisanat et de bonne cuisine.

— Je ne sais pas trop.

La photographe que je suis s'enthousiasmait pour la migration annuelle de milliers de grues du Canada dans la région, mais l'idée ne l'emballait pas non plus.

— Et que dirais-tu d'aller visiter le musée des OVNI à Roswell ?

Rire un peu devant les curiosités extraterrestres ne pouvait pas lui faire de mal.

— Peut-être.

Sa voix trahissait une certaine réticence.

De nombreux choix s'offraient à nous, mais aucun ne semblait lui convenir.

« Mais c'est bien sûr ! » ai-je pensé un soir en regardant Tim. Il portait le T-shirt d'une association pour enfants amérindiens que Norma lui avait donné. Elle l'avait reçu en guise de remerciement après avoir fait un don.

— Tu veux aller visiter une communauté amérindienne, c'est ça ?

C'était la première idée qui semblait susciter un intérêt chez elle.

— Oui, ça me plairait beaucoup.

Je me suis immédiatement mise en quête d'une authentique expérience au contact de cette culture à laquelle elle s'était liée à distance. Plus nous en parlions, plus il était évident qu'un spectacle touristique ne ferait pas l'affaire. Elle désirait voir des *pueblos*, partager un sourire avec les habitants. Elle voulait apprécier les parfums et les sons de leur quotidien, leur artisanat, se retrouver tranquillement parmi eux. C'était une gageure, car les communautés amérindiennes se protègent du monde extérieur, comme il se doit. Je ne pensais pas que ce genre de visite existait encore, mais j'ai enquêté plus avant.

J'ai appris sur Internet que beaucoup de *pueblos* célébraient leur saint patron. En règle générale, les cérémonies et les danses traditionnelles sont interdites au public, mais certaines fêtes à connotation catholique, héritage de la christianisation forcée des peuples indigènes par les Espagnols, se déroulent parfois en présence de visiteurs qui se mêlent alors à la tribu. J'ai cherché à savoir quand avaient lieu les fêtes des *pueblos* les plus proches. Quand je suis tombée sur le site du *pueblo* voisin, je n'y ai pas cru.

— C'est demain ! Incroyable, c'est demain ! ai-je crié à Tim, Norma et Mark qui nous avait rejoints.

— Qu'est-ce qu'il y a demain ? De quoi tu parles ?

Je me suis rendu compte que je m'étais si longtemps concentrée sur ma recherche que je n'avais encore rien dit aux autres. Tim n'avait aucune idée de ce dont je parlais. Norma et Mark non plus.

— Nous allons à Walatowa demain ! (Norma tendait l'oreille devant mon excitation.) Ça va être génial !

— Je croyais que ce *pueblo* était fermé au public. Tu es sûre ? C'est bien la tribu Jemez ?

Mark, qui connaissait la région mieux que moi, tentait de modérer mon enthousiasme.

— Le *pueblo* est fermé trois cent soixante-quatre jours par an, mais pas demain ! On y va ! Je suis sûre à cent pour cent.

Je ne pouvais plus me contenir. Je savais que c'était ce que voulait Norma sans parvenir à l'exprimer. Sa mine confirmait ma pensée.

— Ils fêtent la saint Diego de Alcalá demain, le 12 novembre, ai-je précisé pour les convaincre.

Mais la réaction de Mark et de Tim ne m'importait pas autant que celle de Norma :

— Waouh !

Nul besoin d'en dire plus. C'était décidé.

D'après mes recherches, « Walatowa » signifie « c'est le lieu » en langue Jemez. C'était écrit. Normalement, le centre d'accueil de Walatowa, situé sur la route, était ouvert au public, mais le *pueblo* de Jemez lui-même ne l'était pas. En ce jour de novembre, les visiteurs étaient invités à assister à une danse rituelle. Nous étions au bon endroit au bon moment.

Notre destination n'était qu'à trente minutes du camping mais, en montant dans la Jeep, nous ignorions totalement ce qui nous attendait. Il n'y avait pas de photos en ligne et très peu d'informations sur l'événement hormis une liste de règles à respecter une fois dans le *pueblo*, et parmi elles, celle qui s'appliquait directement à moi : « photos interdites ».

La route qui passait près du village n'avait rien d'extraordinaire, elle serpentait entre les *mesas* de grès rouge qui dominaient l'horizon. Quand nous avons quitté la chaussée pour entrer dans le village, il était évident que quelque chose se préparait. Des voitures étaient garées partout le long des rues étroites et bosselées, et des groupes se dirigeaient vers la place principale. Dans d'autres circonstances, la vignette « handicapé » nous aurait assuré une place de parking imbattable, mais pas cette fois. Nous allions devoir marcher un moment avant d'arriver au cœur du village.

J'ai inspiré profondément avant de quitter la voiture en y laissant mon appareil photo. Tim, Mark et moi nous relayions pour pousser Norma ; le sable blanc des allées était meuble et profond, les roues s'y enfonçaient. L'air était imprégné de l'odeur de *mesquite* brûlé, de *tamales* et de pain frit. Au loin, nous entendions le battement des tambours de cérémonie.

Sans un objectif entre mon environnement et moi, je tentais désespérément de tout imprimer dans ma mémoire ; je capturais en rafale chaque chose que je voyais. Il m'a fallu un certain temps pour revenir dans le moment présent. J'ai alors senti ma respiration s'altérer : elle est devenue plus lente, plus détendue. Au cours de ce voyage avec Norma, j'avais cru que nous faisions de notre mieux pour vivre dans l'instant. Sans mon « attrape-souvenirs », je sentais à quel point j'avais essayé de voir les choses à travers les yeux de ma belle-mère et non les miens. Cette fois, je voyais par moi-même, munie de mon seul regard.

Le sable était si profond que nous ne pouvions nous déplacer que très lentement parmi la foule. Mark et Tim ont annoncé vouloir faire un tour. Sautillant comme deux gamins lâchés dans une kermesse, ils s'en sont allés vers le son des tambours. Ce mouvement spontané les libérait du fauteuil roulant. Norma et moi étions coincées.

Mais heureusement, les garçons sont revenus très vite, les yeux écarquillés d'excitation.

— On sait pourquoi on est là ! Viens, maman !

Tim et Mark ont chacun pris un côté du fauteuil pour le soulever jusqu'à atteindre un sol plus ferme ;

Norma avait des airs de souveraine dans sa chaise à porteurs.

Après le virage suivant, nous nous sommes retrouvés au centre du *pueblo*. Tout était d'une simplicité magnifique : le linge coloré qui séchait à l'air libre et les chiens qui s'ébrouaient dehors nous rappelaient qu'il s'agissait d'un lieu vivant, pas d'une attraction touristique.

Il y avait des rangées de chaises de jardin de part et d'autre de la rue principale où des centaines de personnes étaient déjà installées. En dehors des nôtres, il n'y avait que peu de visages blancs. Fraîchement débarqués, nous avons dû batailler un peu pour trouver un bon emplacement.

— On aurait dû arriver il y a des heures, ai-je soupiré. Comment Norma verra-t-elle quoi que ce soit ?

Mais une chose remarquable s'est produite. Même bien installés dans l'espace qu'ils s'étaient réservé, les gens se sont écartés pour l'aînée qu'était Norma. Les visages bienveillants s'inclinaient au passage du fauteuil roulant. On lui cédait la place. Je n'ai pas pu m'empêcher de penser aux visites médicales et aux examens qu'elle avait subis quelques mois auparavant. La dignité et le respect que l'on témoignait ici aux anciens contrastaient tellement avec le traitement que mes beaux-parents avaient reçu à l'hôpital. Là-bas, ils n'y avaient eu que des problèmes médicaux à résoudre.

Norma a fini par trouver une place confortable, devant et au milieu, et tous les trois nous sommes agenouillés de chaque côté de son fauteuil. Nous avons regardé les centaines de membres de la tribu, hommes et femmes, jeunes et vieux, participer à la danse célébrant saint Diego de Alcalá. Vêtus de superbes costumes traditionnels, ils exécutaient ensemble la danse rituelle au rythme de plusieurs dizaines de tambours et de voix masculines à l'unisson.

Pas d'applaudissements à la fin de chaque danse : ils n'attendaient pas la reconnaissance d'autrui. Ce n'était pas un spectacle, mais une fête spirituelle. Nous n'assistions pas à une représentation, mais étions témoins d'une méditation, d'une prière en mouvement pendant laquelle se créait une connexion avec la Terre Mère et le Ciel Père – une tradition transmise de génération en génération.

Devant cette danse sacrée, j'étais frappée par la force de la transmission. Ni Tim ni moi ne venions de familles attachées à des rituels partagés. J'étais fascinée par cette beauté intergénérationnelle, par le rayonnement de ce peuple et par son engagement culturel.

Norma semblait être du même avis.

— C'est quelque chose ! m'a-t-elle dit en haussant les sourcils.

De retour au camping quelques heures plus tard, nous sentions toujours dans notre poitrine la vibration des tambours restés trente kilomètres au nord. Fatiguée et courbaturée après cette journée, je me suis assise sur le plancher du camping-car à côté de Ringo et j'ai détendu mes jambes en écoutant Tim, Mark et Norma parler de ce que nous avions vu. L'étincelle dans les yeux de ma belle-mère m'a rappelé la jeune femme du train. Avec toute la vie devant elle, la Norma d'antan avait cherché l'aventure en s'engageant, en voyageant vers l'inconnu. Et après tout ce temps, toujours en quête de nouveauté, elle était assise devant moi, sur d'autres roues, avec cet énorme sourire aux lèvres qui illuminait chaque ride de son visage.

Ce soir-là, je l'ai emmenée se coucher en lui tenant une main tandis qu'elle s'appuyait sur sa canne avec l'autre. Tout d'un coup, nous nous sommes mises à chanter et à danser jusqu'à l'arrière du camping-car. Comme c'était bon ! Nous avons recommencé le soir suivant, et celui d'après. Tim nous a rejointes, et finalement, cet acte simple est devenu notre rituel familial, celui que nous répétions chaque soir comme une prière. Il m'a fallu du temps pour comprendre ce que nous avions reçu ce jour-là, le cadeau que Norma nous avait fait avec son rêve de faire l'expérience d'un Nouveau-Mexique authentique. Pour la première fois, nous nous étions créé notre célébration quotidienne à nous.

CHAPITRE 7

Se réconcilier

Fort Myers Beach, Floride
Décembre

TIM

Chacun vit le deuil à sa manière. Pour mes parents, cela avait été dans un silence absolu. J'avais voulu leur parler de Stacy depuis son décès, mais mon père surtout refusait d'aborder ce sujet considéré comme tabou. Nous n'avions pas de rituel, pas de commémoration, nous ne célébrions pas sa mémoire. Je n'ai jamais appelé à la maison pour l'anniversaire de sa mort par peur de les contrarier.

Maintenant que mon père n'était plus parmi nous, je pensais rencontrer plus de succès lors de mes tentatives d'en parler avec ma mère. Ce voyage nous rappelait que notre nouveau deuil venait s'ajouter au précédent. Le nom de Stacy était prononcé de temps à autres quand quelque chose nous faisait penser à elle, mais ces conversations ne signalaient guère plus que la reconnaissance ponctuelle de son passage sur terre ; il ne s'agissait pas d'évoquer nos sentiments à son égard. Nous perpétuions notre longue tradition familiale qui consistait à laisser le chagrin nous isoler plutôt que nous rapprocher.

Je commençais à abandonner tout espoir d'évoquer sérieusement notre deuil avec ma mère quand, une fin d'après-midi, Ramie et moi avons rencontré un couple au jacuzzi d'un camping de Fort Myers Beach en Floride.

En ce début de soirée, le soleil se faisait discret mais réchauffait toujours l'atmosphère. Les abords de la piscine étaient déserts à l'exception de nous quatre. Une entêtante odeur de rhum se dégageait de leurs verres à motifs tropicaux ; d'après leur voix, ils n'en étaient pas à leur premier.

— D'où venez-vous ? leur avons-nous demandé.

Rick et Jo souriaient peu, mais ils étaient sympathiques. Nous leur avons dit d'où nous venions. Chacun a raconté les détails de son voyage respectif. Nous avons évidemment parlé de ma mère. Intrigués par notre histoire, ils nous ont invités sur leur bateau le jour suivant.

— Mais il faut qu'on vous prévienne...

Nous avons alors appris la raison de leur venue en Floride. Ils allaient disperser les cendres de leurs fils aînés, tous deux morts avant d'avoir trente ans. L'un avait succombé à une crise cardiaque, et l'autre s'était suicidé peu de temps après. Il ne leur restait que leur dernier fils de dix-neuf ans, venu avec eux dans leur camping-car pour participer à la cérémonie. Cela expliquait leur manque de jovialité et la tristesse du regard bienveillant de Jo. Ce couple était assailli par le chagrin. Sentant comme une affinité avec eux, je leur ai alors raconté que j'avais perdu ma sœur de quarante-quatre ans et que mon père était décédé récemment. Je me disais que ma famille n'avait jamais symboliquement tourné la page comme ils s'apprêtaient à le faire.

Doutant que ma mère fût partante pour un tour en bateau, nous avons dit à Rick et Jo qu'elle ne voudrait probablement pas.

— J'espère que vous avez accepté, a dit ma mère quand nous lui avons fait part de l'invitation.

Elle nous surprenait toujours avec son désir d'aventure. Mais voudrait-elle partager le deuil de cette famille ou du moins, en être témoin ?

— Mais il y a un problème, lui ai-je dit.

Elle a écouté attentivement nos explications sur ce qui allait se passer au large. Toujours aussi taiseuse, elle a accepté de nous accompagner avec un hochement de tête, son visage exprimant de l'empathie.

C'était une journée magnifique pour une balade en mer. Nous avons retrouvé Rick, Jo et leur fils sur l'embarcadère. Après avoir aidé ma mère à monter sur le bateau, nous l'avons installée sur un siège confortable à l'avant. Rick est sorti du port prudemment, en suivant la signalisation le long du canal. Nous sommes passés devant les bateaux des pêcheurs de crevettes, puis sous un pont jusqu'à atteindre le dernier marqueur et, enfin, nous avons gagné le large. Rick a mis les gaz pour nous propulser à grande vitesse loin de la houle de Fort Myers Beach. L'eau scintillait comme une multitude de diamants sous le soleil.

Rick a coupé le moteur. On pouvait apercevoir les plages de sable blanc de l'île de Sanibel à quelques kilomètres de là. Au son de la chanson préférée des garçons, « Drink a beer » de Luke Bryan, la famille a ri, pleuré, raconté leurs histoires et nous avons trinqué en buvant de la bière. Ils ont évoqué la personnalité de leurs fils et leurs accomplissements avec amour et fierté.

La cérémonie avait une magnifique portée symbolique. Des dauphins nageaient non loin de là, et un double arc-en-ciel – représentant pour nous tous les deux garçons – est apparu dans le ciel au moment de la dispersion des cendres dans l'océan. Avec une tendre délicatesse, la main hâlée et ridée de ma mère a pris celle de Jo. À ce moment, j'ai cru la voir faire un pas vers la réconciliation.

*

— Non, non, non, ce n'est pas possible ! s'est mis à crier mon père.

Nous étions tous assis dans le salon de Stacy à Alexandria, en Virginie. En cette matinée d'avril, mes parents étaient restés chez elle en attendant mon retour et l'annonce du verdict de la dernière opération de leur fille. Redoutant ce moment, j'avais effectué le trajet entre l'hôpital et la maison en trente minutes ; j'avais marché lentement jusqu'à la porte d'entrée, puis je m'étais arrêté un instant pour me préparer à leur apprendre la nouvelle.

Un an plus tôt, la vie et la carrière trépidantes d'agent des Services secrets de ma sœur s'étaient brutalement effondrées après une visite de routine chez le dentiste. Sur sa langue, le médecin avait repéré un point blanc suffisamment inquiétant pour l'envoyer chez un cancérologue. On connaît la suite.

Pour Stacy, cela avait inauguré une année gâchée en interventions chirurgicales, en radiothérapie et en chimiothérapie. J'étais devenu son aidant après la première opération, une ablation partielle de la langue et des ganglions lymphatiques du côté gauche. Elle adorait la gastronomie et venait de terminer la rénovation de sa cuisine quelques jours avant la consultation fatidique. Qu'on lui enlevât sa faculté de goûter et de savourer les aliments était un sale coup du destin. Par la suite, je n'avais pu qu'assister impuissant au déclin de la personne la plus solide que j'avais jamais connue, jusqu'à ce qu'elle ne fût plus qu'un être frêle et diminué. Pendant la dernière semaine de sa vie, mes parents et moi l'avions vue sur un lit d'hôpital, branchée à des moniteurs, à des tubes et à un cathéter, incapable de parler.

— Je suis désolé, papa, mais c'est vrai.

J'ai voulu mettre mon bras autour de ses étroites épaules, mais il a bondi du canapé et m'a repoussé, m'empêchant de le réconforter.

Ma sœur nous avait appelés seulement quelques jours auparavant. Elle avait certainement su, avant même les médecins, que la bataille était perdue. J'en avais reçu la confirmation une heure plus tôt à l'hôpital. La salle d'attente était pleine, et en levant les yeux de mon magazine, j'avais aperçu la chirurgienne. La vue de ce médecin dans sa blouse maculée, son masque chirurgical pendant à son cou, m'avait fait penser à une fiction de télévision.

— Le cancer de votre sœur se répand très vite, avait-elle dit gravement. Je crains que nous ne puissions plus rien faire.

Le choc avait été brutal. Quelques heures auparavant, j'avais tenu la main de Stacy alors qu'on la préparait pour l'opération. Elle avait été la première patiente du Dr Lee ce jour-là, et j'avais gardé espoir en la voyant disparaître derrière les portes battantes de la salle d'opération. Je lui avais dit que tout irait bien.

— Vous êtes sûre, docteur Lee ?

— Oui. Il ne lui reste plus que quelques jours.

Malgré son professionnalisme, sa voix trahissait son émotion. Ayant passé tant de temps à soigner Stacy l'année précédente, elle était sûrement déçue par cette défaite.

Haletant, j'avais essayé de retenir mes larmes qui coulaient malgré mes efforts, j'avais éclaté en sanglots. Le désespoir m'avait submergé comme une vague implacable. Tous dans la salle d'attente lançaient des regards inquiets dans ma direction. À leur expression angoissée, je voyais bien que chacune de mes inspirations saccadées les renvoyait à leur plus grande peur.

Quelqu'un avait appelé l'aide psychologique, et on m'avait emmené dans un bureau à l'écart. La thérapeute avait fait de son mieux pour me calmer. J'avais séché mes larmes avec les mouchoirs judicieusement placés sur un coin du bureau, et je m'étais peu à peu ressaisi. Mais en prenant conscience de la terrible nouvelle que j'allais devoir annoncer à mes parents, je m'étais de nouveau enfoncé dans le chagrin.

J'avais appelé Ramie du parking de l'hôpital pour lui raconter.

— Comment je vais l'annoncer à mon père ? Ça va les tuer.

— Il faut que tu sois fort, Tim. Ta sœur compte sur toi.

Je savais bien qu'elle avait raison.

Ma mère est restée assise sur le canapé, prostrée dans sa douleur. Mon père a continué à faire les cent pas en criant, dans le déni total de ce qu'il venait d'entendre. Je leur avais dit ce qu'aucun parent ne veut jamais entendre : ils allaient survivre à leur fille.

*

À vingt ans, j'ai mis tout ce que je possédais dans ma Datsun Sunny bleue et j'ai roulé jusqu'aux montagnes Rocheuses pour commencer une nouvelle vie. La chaleur extrême du mois de juillet et l'absence de climatisation ont failli avoir raison de ma détermination. Je ne connaissais personne dans le Colorado, mais j'avais tout de suite su que j'y avais ma place lors d'une visite de dix jours l'année précédente. Ne pensant qu'à l'avenir qui m'attendait, je n'ai pas regardé en arrière.

Stacy n'avait que treize ans quand j'ai pris la route de l'Ouest. Elle a fini de grandir dans une maison de l'Ohio que mes parents avaient achetée après mon départ. Elle aimait regarder les dessins animés à la télévision après ses corvées ménagères. Quand elle se déguisait, elle aimait mélanger les genres, toujours armée d'un pistolet ou d'une épée en plastique – voire les deux à la fois. Elle jouait de la flûte, et elle a fait partie de l'orchestre de son lycée.

Je ne rendais pas souvent visite à ma famille à l'époque ; mes préoccupations étaient ailleurs. Une fois ou deux, nous avons passé les fêtes ensemble, mais ces occasions étaient rares, car je n'avais plus de voiture et très peu d'argent à la fin de mes études à l'Université du Colorado à Boulder. À vrai dire, j'étais dans un tel embarras financier à l'époque que les rares fois où j'appelais la maison, je le faisais d'une cabine téléphonique en PCV.

J'ai rencontré ma première épouse à la fac, et nous nous sommes mariés plusieurs années après avoir obtenu notre diplôme. C'est à l'occasion de notre mariage montagnard, à l'ombre du pic Longs, que j'ai vu l'adulte qu'était devenue ma sœur pour la première fois. Elle avait vingt-deux ans et venait de rejoindre l'armée en tant que sous-lieutenant grâce au *Reserve officer training corps*, un programme de formation universitaire des militaires.

En arrivant avec mes parents, elle portait son uniforme de parade – une jupe, une chemise, une veste et un béret. Je l'ai à peine reconnue. Nous avons eu peu de temps pour discuter avant la cérémonie, et elle a dû quitter la réception pour conduire mon père à une altitude moins élevée, car il respirait mal. Il nous a fallu attendre encore dix ans avant d'engager une vraie relation d'adultes.

Et quelle vie elle a menée entre-temps ! Elle a consacré ses quatre ans d'engagement militaire au déminage. Comme notre mère, elle a bousculé les préjugés en se portant volontaire pour démanteler des bombes. Elle s'est même entraînée avec les Navy Seals, l'unité d'élite de la marine américaine, afin d'obtenir les qualifications nécessaires pour travailler sur les ogives nucléaires restées dans les sous-marins coulés. Pour son examen final, elle a dû désactiver un missile factice immergé dans un lieu tenu secret près de l'embouchure boueuse du fleuve Potomac. Une fois stationnée à Vicenza, en Italie, elle a passé le plus clair de son temps à démonter des engins explosifs, de l'Irlande du Nord à Israël. Pendant ses loisirs, elle chevauchait sa Ducati à pleine vitesse dans les Alpes italiennes.

— Est-ce qu'une bombe t'a déjà explosé dans les mains ? lui ai-je demandé après avoir remarqué qu'elle n'avait plus de poils sur les avant-bras.

— Oui, une fois, a-t-elle répondu nonchalamment. J'ai décollé de trente mètres.

— Tu l'as dit aux parents ?

— Non.

Stacy et mon père s'entendaient comme larrons en foire. Alors que je passais le plus clair de mon temps avec ma mère à cuisiner, à peindre, à lui installer un atelier de poterie ou à effectuer des travaux dans la maison, Stacy et mon père arpentaient les salons d'armes à feu ou parlaient voiture. Mon père se régalait des histoires rocambolesques de ma sœur. Malgré tout, je n'ai pas été surpris de sa décision de taire son cancer à mes parents. C'était typique dans notre famille : ce qu'on ignore ne peut pas nous faire souffrir.

Ces quatre années de bons et loyaux services n'ont pas suffi à valoir à Stacy le grade de capitaine. Après avoir été plusieurs fois évincée au profit de collègues masculins, elle a dû se rendre à l'évidence : elle se heurtait déjà au plafond de verre de l'armée.

C'est à cette époque qu'elle a rencontré des agents des Services secrets. Elle a été chargée d'examiner les cadeaux offerts au président Reagan. Constatant son potentiel, on l'a encouragée à déposer sa candidature auprès de l'agence qui cherchait activement à recruter des femmes. Quand son engagement a touché à sa fin, ma sœur a quitté l'armée pour tenter sa chance.

Pendant un an, le temps des vérifications de sécurité, elle a vécu avec le frère de mon père à Toledo et travaillé comme vigile de nuit dans une usine. C'était la première fois que les Services secrets examinaient la candidature d'une personne ayant été adoptée. La vie de chaque membre de la famille, même celle de nos parents biologiques, a dû être passée au crible pour s'assurer qu'elle n'était pas une espionne étrangère. Nos profils devaient tous être satisfaisants, car ma sœur est devenue agent spécial en 1990.

Stacy a très vite monté les échelons. Lors de sa première mission au bureau de Toledo, elle a enquêté sur des affaires de fraude et de contrefaçon, menant à bien deux fois plus d'arrestations que ses trois collègues réunis. Après seulement deux ans, on l'a envoyée protéger un jeune gouverneur de l'Arkansas qui se présentait à l'élection présidentielle.

En 1992, je vivais à Hawaï depuis cinq ans, et je n'avais pas vu Stacy depuis un moment. Je l'ai appelée pour prendre de ses nouvelles et lui demander comment se passait la vie sur la route avec un candidat à la présidentielle. La campagne battait son plein, et le visage de Bill Clinton était sur tous les écrans.

— Pourquoi je ne te vois jamais, Stacy ? lui ai-je dit pour la taquiner. Il est tout le temps à la télé.

— Je suis là, mais tu ne peux pas me voir, c'est tout. C'est mon boulot de ne pas me faire remarquer.

— Oui, c'est ça, ai-je répondu sarcastiquement.

— Bon, tu sais quoi ? Regarde le journal ce soir et cherche-moi.

Ce soir-là, j'ai obéi à ma sœur quand le sujet de trois minutes sur la journée de Bill Clinton est enfin arrivé. On voyait un plan serré du candidat derrière un pupitre, avec rien d'autre en arrière-plan qu'un drapeau américain. Mais attendez… Qui voyais-je entrer et sortir du cadre ? Ma pince-sans-rire de sœur s'était incrustée à l'image comme une pro sur une chaîne nationale !

Un peu plus tard, quand mon mariage a commencé à battre de l'aile, j'appelais Stacy de plus en plus souvent pour me confier et recevoir son soutien moral. La petite sœur prodiguant des conseils et protégeant son grand frère reflétait un renversement des rôles traditionnels. De nous deux, c'était elle la plus forte, celle qui avait une carrière solide et réussie ; ce rôle lui allait beaucoup mieux qu'à moi.

Mon divorce a été prononcé peu de temps après. J'ai été obligé de tout laisser à Hawaï et de commencer une nouvelle vie sur le continent. Mais où allais-je le faire ? Sans vraiment le vouloir, je m'étais éloigné de ma famille pendant toutes ces années, mais la situation avait soudain changé. Je n'avais nulle part où aller. Il me fallait demander à ma sœur. Même si, adultes, nous avions passé peu de temps ensemble, Stacy n'a pas hésité à me laisser emménager avec elle dans sa nouvelle maison, le temps qu'il fallait.

— Vous savez que c'est un aller simple pour le New Jersey ? m'a demandé incrédule l'employée d'United Airlines.

J'enregistrais deux gros sacs de voyage à l'aéroport d'Honolulu ; ils contenaient tout ce qu'il me restait après mon divorce.

— On est fin février. Il fait froid là-bas, a-t-elle ajouté.

— Oui, je sais, ai-je marmonné.

Ma sœur venait d'être transférée au bureau de Newark (situé à Morristown, mais Newark était trop dangereux, même pour les Services secrets), et elle était arrivée seulement quelques semaines avant moi. J'ai débarqué au milieu d'une forêt de boîtes en carton qui encombraient le duplex situé à quelques rues de son bureau.

Je n'avais quasiment rien : ni voiture, ni travail, ni amis, ni amour-propre. J'avais tout perdu dans ce divorce. J'ai déballé les affaires de ma sœur ainsi que les bagages émotionnels que je traînais avec moi. Stacy et moi avons pris l'habitude de partager une bière en fin de journée quand elle rentrait du travail, et nous nous détendions ensemble. Son travail était stressant, même quand elle ne veillait pas personnellement sur le président.

Internet n'en était qu'à ses balbutiements, mais déjà, les criminels trouvaient le moyen de l'exploiter. L'intérêt de ma sœur pour les ordinateurs l'avait conduite à rejoindre la toute jeune unité spéciale de délinquance électronique des Services secrets. Elle travaillait sur une opération en ligne appelée Cybersnare quand j'ai quitté le New Jersey quelques mois plus tard. Ses efforts se sont soldés par des arrestations dans sept États et par le démantèlement d'un réseau de fraude au téléphone portable dont le chiffre d'affaire se montait à trois milliards de dollars par an.

Stacy a passé les onze dernières années de sa carrière aux Services secrets de Washington. Elle y a mené quinze missions de protection du président à l'étranger et neuf sur le sol américain. Parfois, elle partait pour des destinations difficiles comme l'Inde, l'Ouganda ou le Nicaragua. Elle pouvait aussi bien fumer des cigares avec d'anciens sandinistes dans les montagnes nicaraguayennes que rencontrer des rois, des présidents, des chefs d'État ou le pape lui-même. C'était une coriace, une dure à cuire. C'était mon héroïne.

Et je l'ai perdue. Je n'étais pas seul, mais mes parents et moi n'en parlions pas. C'était comme si nous l'avions perdue deux fois : la première quand elle est morte et la deuxième à travers nos silences qui achevaient d'effacer l'histoire de sa vie. Nous n'avons pas tenté de combler le vide par des souvenirs, au lieu de ça, nous avons laissé son absence nous enfermer dans un deuil solitaire.

Mon père n'avait pas évoqué la mort de Stacy sur son lit de mort. Toutes mes tentatives de le faire parler d'elle au fil des années s'étaient soldées par des échecs. Il avait quitté ce monde sans avoir pu se livrer. Ma mère désirait-elle s'ouvrir au sujet de sa fille bien-aimée ? Était-elle restée silencieuse parce que mon père avait le cœur brisé ?

Malgré mon désir de discuter de Stacy avec mes parents, j'avais aussi gardé mes distances. Nous étions tous un peu coupables. Quand nous nous retrouvions, nous avions chacun nos murs. Comme pour beaucoup de familles essayant juste de s'entendre, nos conversations avaient manqué de profondeur. La mort de Stacy avait percé les cloisons que j'avais érigées entre ma famille et moi, mais cela n'avait pas suffi. Ma mère et moi n'avions aucun modèle pour partager une émotion aussi brute, pas de carte pour trouver où se rejoignaient nos douleurs respectives... Jusqu'à ce que nous rencontrions Rick et Jo.

*

Pendant le reste de notre séjour de trois semaines à Fort Myers, Ramie et moi rentrions de nos promenades sur la plage avec Ringo pour retrouver ma mère et Jo installées dans notre tente moustiquaire devant le camping-car. Nous les laissions discuter tranquilles. Ces deux mères faisaient partie d'un club auquel aucun parent ne voudrait adhérer. Parfois, elles restaient assises en silence, mais de temps à autres, la brise tiède de Floride nous apportait leurs voix par les fenêtres ouvertes. Nous les entendions se lier d'amitié autour du deuil, de la détermination et de la foi.

Rick et Jo ne trichaient pas avec leur douleur. Il n'y avait pas de faux-semblants avec eux, pas de besoin de paraître solide ou d'avoir peur d'exprimer le chaos et la confusion engendrés par le chagrin. Jusqu'à présent, ce voyage nous avait apporté une satisfaction familiale particulière : nous avions vu le sourire de ma mère pour la première fois depuis des années, ainsi que son espièglerie et son sens de l'aventure. Mais nous étions passés experts dans l'évitement des choses difficiles. Rick et Jo nous ont appris qu'il était possible de faire son deuil en famille. L'authenticité de leur tristesse et de leur mémoire nous a montré qu'en ne nous efforçant pas de paraître « bien » en surface, nous éprouverions plus de choses – plus de douleur, certes, mais aussi plus de lien et d'amour, seuls véritables remèdes au chagrin.

En observant ma mère et Jo, j'ai compris que nous parlons tous un langage émotionnel différent. Partager notre deuil n'était pas synonyme de pleurer ensemble, mais de quelque chose de plus subtil, comme se toucher la main, parler de sa foi, se regarder dans les yeux pour dire « Je sais ce que tu ressens ». Je n'avais pas vu ma mère verser de larmes pour la mort de ma sœur ou celle de mon père, mais ce jour-là, sur le bateau, et plus tard dans les doux murmures de ces deux femmes, j'ai senti un changement chez elle. La douleur qui se terrait dans son cœur a quitté sa cachette rassurante sur la pointe des pieds pour se blottir dans l'étreinte chaleureuse de Jo. Et je savais que si ma mère pouvait commencer à se réconcilier avec le deuil, alors je le pouvais aussi. Nous pouvions le faire ensemble.

Chapitre 8

S'envoler

Orlando, Floride
Janvier

RAMIE

Quand Tim et moi nous sommes rencontrés, je l'ai familiarisé avec deux règles non négociables que nous suivons encore aujourd'hui. La première : l'amour, et jamais la peur, doit motiver nos décisions. La deuxième : vivre sans regrets.

— Pas de « j'aurais voulu, j'aurais pu, j'aurais dû », lui ai-je dit.

C'était le mantra de notre mariage, qui était devenu celui de notre maison de retraite ambulante.

Après avoir découvert en juillet les publicités pour des vols en montgolfière, nous avons conclu un pacte secret : nous allions faire voler Norma. Mais c'était un objectif plus difficile à atteindre que nous le pensions au premier abord. Tandis que nous voyagions dans l'ouest et le sud-ouest du pays, j'avais beau chercher, je ne trouvais pas sur notre itinéraire de vol accessible aux personnes âgées.

Novembre passé, les fêtes de Noël approchant, je n'avais toujours rien trouvé. Certaines compagnies acceptaient de la faire monter dans un ballon relié à la terre ferme, mais ce n'était pas ce que je voulais, il fallait qu'elle vole ! D'autres proposaient de véritables balades, mais leurs nacelles étaient dépourvues de sièges. C'était important, car je savais que ma belle-mère n'avait pas la force de rester debout plus d'une heure. Et même si je trouvais un ballon avec un siège, j'ignorais comment la faire monter à l'intérieur. Elle n'allait certainement pas se servir des appuis pour se hisser toute seule.

Y avait-il des montgolfières faciles d'accès ? En existait-il avec une porte pour y embarquer un fauteuil roulant ? J'avais plus de questions que de réponses. J'imaginais toutes sortes de scénarios. Peut-être pourrait-elle s'asseoir sur un tabouret de bar à l'intérieur de la nacelle pour voir à l'extérieur. Ne serait-ce pas trop dangereux ? Mais je revenais toujours au même problème : comment la faire monter ? J'ai parcouru Internet et passé des coups de téléphone, c'était l'impasse à chaque fois. Non seulement nous étions limités par l'état de santé de Norma, mais nous n'avions qu'une idée approximative d'où nous serions dans le pays et quand.

Une chose était sûre, nous allions passer l'hiver en Floride, alors c'est sur cet État que j'ai concentré mes recherches. En arrivant, nous nous sommes installés dans un camping calme d'Henderson Beach près de Destin. Assise dans notre tente moustiquaire, j'ai fébrilement noté des numéros de téléphone et commencé à les appeler tandis que Ringo faisait la sieste à mes pieds.

Je n'arrivais à joindre personne, mais une compagnie a fini par décrocher dès la première sonnerie.

— Thompson Aire ! Ici Jeff. Comment puis-je vous aider ?

— Ma belle-mère a quatre-vingt-dix ans et j'aimerais trouver un moyen de la faire monter dans une montgolfière. J'ai vu que vous aviez une nacelle avec des sièges. J'aimerais en savoir plus, mais d'abord, est-ce que je suis folle d'imaginer une telle aventure ?

J'avais dit tout cela d'une traite sans reprendre mon souffle, mais je me suis détendue en entamant la conversation avec Jeff qui était un homme sympathique et chaleureux.

Pendant que nous parlions, les idées du Dr Gawande sur la sécurité et l'autonomie me sont revenues à l'esprit.

« [...] l'échec le plus cuisant des soins que nous apportons aux malades et aux personnes âgées est notre impuissance à reconnaître que leurs priorités dépassent le simple fait d'être en sécurité et de vivre plus longtemps ; que chacun doit pouvoir définir son histoire pour que sa vie conserve du sens[1] », écrit-il dans *Nous sommes tous mortels.* Je me souviens d'avoir acquiescé en lisant ce passage bien des mois auparavant. Mais je désirais ardemment entendre Jeff me dire tout ce que je voulais entendre pour être sûre de ne pas mettre Norma en danger et de donner une direction positive à son histoire.

1. Dr Atul Gawande, *op. cit.*, chap. 8.

L'enthousiasme de Jeff me parvenait par la connexion téléphonique. Avec une note de fierté et d'excitation dans la voix, il a déroulé son CV depuis l'âge de quinze ans et affirmé que lui et sa famille seraient en mesure de réaliser notre rêve pour Norma. Il m'a confié que son dernier exploit avait été d'obtenir le plus haut niveau de reconnaissance de la Fédération américaine de montgolfière avec trente et un autres pilotes. Ce passionné était prêt à relever le défi que notre famille lui lançait. « C'est possible », me suis-je dit.

Jeff a décrit les procédures de sécurité en détail, puis il est passé aux choses sérieuses :

— À la différence de la plupart des montgolfières, les nôtres ont des bancs. Norma sera à l'aise. Il n'y a aucun problème.

Ainsi, nous avions répondu à la première question. J'ai inspiré profondément avant de poser la suivante :

— Comment montera-t-elle dans la nacelle ?

— Ne vous inquiétez pas pour ça, Ramie. On y arrivera, je vous le promets, m'a-t-il assuré à la manière d'un vieil ami. Récemment, on a eu un monsieur de deux cent soixante-douze kilos, et vous dites que votre belle-mère est légère comme une plume. Elle volera.

J'ai choisi une date, et Tim et moi avons élaboré un plan.

Nous n'étions qu'à quelques jours de Noël, alors nous avons décidé d'annoncer la nouvelle à Norma le matin du 25 décembre.

— J'espère qu'elle a toujours envie de le faire, ai-je dit à Tim au supermarché en achetant des accessoires de décoration.

Voyageurs économes, nous ne dépensions pas pour des divertissements extravagants comme des balades en montgolfière, mais nous étions persuadés que cet argent-là serait bien dépensé.

Mes inquiétudes ont été très vite balayées par l'excitation enfantine que j'ai ressentie en fabriquant une petite montgolfière avec un ballon, du papier cartonné et du ruban adhésif. Tim a confectionné un « bon pour voler » que j'ai déposé dans la nacelle miniature. Nous voulions en faire une fête ; après tout, ce vol en montgolfière était un hommage à Norma et Leo, un rêve qui attendait depuis longtemps d'être réalisé.

Aussi excités que des parents le matin de Noël, Tim et moi nous déplacions sur la pointe des pieds dans le camping-car ; nous chuchotions et gloussions en nous dépêchant d'accrocher le ballon au-dessus de la place à table de Norma, avant son lever. À 9 heures pétantes, elle a ouvert la porte de sa chambre, avec, sur la tête, le bonnet de père Noël que Leo portait toujours ce jour-là. Sur la stéréo, au lieu d'une chanson de Noël, nous avions passé *Up, up and away* du groupe The 5th Dimension.

Le crescendo des violons et l'harmonie des voix caractéristiques des tubes des années 1960 n'ont fait qu'accroître notre bonne humeur. Norma s'est dirigée vers l'avant du camping-car à petits pas pendant que Tim et moi joignions nos voix à celles de l'enregistrement. À la fin du morceau, incongru pour un jour de Noël, nous hurlions « Toujours plus haut ! » de toutes nos forces.

— Qu'est-ce que c'est que tout ça ? s'est étonnée Norma avec un soupçon d'enchantement dans la voix.

Après s'être installée, elle a pris le mot que nous avions mis dans notre mini-montgolfière.

— Qu'est-ce que c'est ? a-t-elle répété.

Nous avons attendu qu'elle le lût. Un grand sourire aux lèvres, nous trépignions d'impatience. Tim serrait ma main sous la table.

— C'est vrai ? On va faire une balade en montgolfière ? s'est-elle exclamée en joignant les mains.

— Oui !

— Oh, waouh ! Je n'en reviens pas.

Pendant le petit déjeuner, il a fallu lui répéter encore et encore que nous allions vraiment nous envoler en montgolfière.

— Le grand jour, c'est le 20 janvier ! lui ai-je assuré.

Elle semblait complètement enchantée à l'idée de voler.

— Je crois que cette folie était une bonne décision, ai-je dit à Tim après le coucher du soleil ce soir-là.

Je ne pouvais pas m'empêcher de sourire. Je repensais à la surprise de Norma, à la joie dans ses yeux.

— Oui, moi aussi.

*

Plusieurs semaines et quelques campings nous séparaient encore d'Orlando et de notre envol. N'ayant pas pu réserver dans un camping pour tout l'hiver en Floride, nous n'avions pas de point de chute définitif. Mais Stacy avait répondu à ma prière du mois d'août : sur toute la période, nous avions réussi à obtenir une place dans huit campings, parcs et réserves grâce à des annulations. Nous allions passer une semaine ici, trois là, quatre jours ailleurs. Et pendant chaque séjour, Norma envoyait des cartes postales pour dire qu'elle allait voler en montgolfière le 20 janvier.

Son enthousiasme était formidable, mais je retenais mon souffle chaque fois qu'elle postait une nouvelle carte, car je redoutais un problème de météo, de santé ou un réveil difficile le matin en question. « Ça suffit, me suis-je dit. L'inquiétude, la peur, le pessimisme, c'est du gâchis d'énergie. Je le sais. C'est même ma philosophie ! »

Nous avons trinqué pour le Nouvel An avec Rick et Jo à Fort Myers Beach, et à la mi-janvier, nous étions en route pour le camping Lake Magic RV Resort près d'Orlando. Il y avait plein de retraités qui fuyaient le froid du Nord pour passer l'hiver sous le climat tempéré de Floride. Ces petites natures semblaient toutes posséder une voiturette de golf équipée d'une housse en plastique pour les protéger de la pluie. Ces « bulles » n'en finissaient pas de proliférer dans le camping, leurs occupants essayant de maintenir l'eau à bonne distance.

Et qu'est-ce qu'il a plu ! Les premières semaines de janvier, nous avons eu de la pluie, du vent, de la pluie et encore et toujours de la pluie. Chaque jour, mes angoisses venaient me hanter, et chaque jour, je choisissais de les chasser. Norma était imperturbable. Elle continuait à envoyer des cartes postales.

Le jour J, nous nous sommes réveillés avant l'aube. Le ciel était dégagé à l'exception de quelques nuages ici et là. Le vent ne s'était pas encore levé. Je n'y croyais pas – c'était le jour parfait pour voler en montgolfière. Plus tard, nous avons appris que tous les vols avaient été annulés les trois jours précédant et les trois jours suivant le nôtre à cause du mauvais temps. Mais le 20 janvier, la météo était idéale.

Norma s'est levée avant le soleil, bien plus tôt que son heure habituelle. Elle s'est habillée rapidement, avec des couches successives de vêtements pour se protéger de l'humidité matinale. Elle et Tim ont bu un petit déca avant de sortir, mais nous avons tous sauté le petit déjeuner, sachant qu'un buffet à volonté nous attendait pour le brunch après le vol. Dans la lueur de l'aube, nous avons roulé dix minutes jusqu'à notre point de rencontre sur un parking de restaurant, trajet pendant lequel Ringo a pu dormir encore un peu sur la banquette arrière.

Glenn, un Anglais charmant, est venu nous accueillir après que nous nous sommes garés. Avec son mètre quatre-vingt-quinze, il se dressait à quarante-cinq centimètres au-dessus de ma belle-mère. Tandis qu'elle descendait le petit escabeau qui ne nous quittait plus, Glenn lui a souri de toutes ses dents.

— Je suis prêt à vous donner un coup de main quand vous en aurez besoin, nous a-t-il dit.

Juste après Glenn, toute la famille Thompson est venue se présenter. Jeff et son frère Jon allaient piloter les montgolfières qui partaient ce matin-là. Nous allions nous envoler avec Jon, et les deux autres couples, avec Jeff. Leurs parents faisaient partie de l'équipe au sol avec Glenn. Aucun d'eux ne pouvait rivaliser en stature avec ce dernier, mais ils étaient tous aussi passionnés.

— Bienvenue dans votre aventure de rêve ! nous ont-ils annoncé en se présentant.

Nous avons rapidement signé une clause de non-responsabilité de la compagnie en cas d'accident avant de monter dans une fourgonnette ornée d'un logo coloré, et nous sommes enfin partis vers le site de décollage.

Quand le soleil s'est levé, le ciel bleu s'est paré d'éclatantes stries jaunes, roses et, plus tard, orangées. Nous nous sommes garés dans un champ à vingt minutes de notre point de rencontre. À notre arrivée, l'équipe au sol s'affairait déjà à décharger les nacelles et le reste de l'équipement qui se trouvaient dans deux remorques séparées. Tim et moi nous sommes approchés de la plus petite des deux nacelles, ayant déduit qu'il s'agissait de la nôtre.

On entendait siffler les brûleurs ; les flammes bondissaient vers l'ouverture de la gigantesque enveloppe en nylon. Norma est restée à l'intérieur de la fourgonnette, les yeux scintillant d'une excitation dont l'intensité rivalisait avec le spectacle devant nous malgré le froid de janvier qui la faisait grelotter. Tim s'était joyeusement associé à l'équipe pour gonfler notre ballon. Quant à moi, j'ai fait ce que je fais de mieux : j'ai pris beaucoup de photos, en espérant saisir ce moment.

Ce qui avait été un amas de tissu s'est déployé lentement devant nos yeux jusqu'à atteindre la taille d'un immeuble de sept étages. L'aurore pâlissait à côté des rayures arc-en-ciel de la montgolfière, la plus grande splendeur visible dans le ciel matinal.

— Ça y est, Norma. Vous êtes prête ? a lancé mélodieusement Connie, la mère de Jeff, en passant la tête par la porte coulissante de la fourgonnette.

— D'accord, mais comment je vais monter ? Je ne peux pas soulever mes jambes assez haut pour grimper là-dedans. Vous êtes sûre que je vais pouvoir y aller ?

C'est alors que Glenn s'est avancé vers elle. Elle semblait plus petite que jamais à côté du géant. Il s'est penché, plongeant son regard bleu dans celui de Norma, et il a dit avec son accent charmant :

— Voulez-vous bien me prendre dans vos bras ?

Une seconde plus tard, Norma était prise d'un fou rire tandis que le géant la soulevait pour l'amener quelques pas plus loin et, comme elle l'a dit ensuite, la « déposer » dans la nacelle en osier.

Une fois installés, et Norma remise de son fou rire, nous avons revu les consignes de sécurité une dernière fois. Nous étions fin prêts. C'était mon troisième vol en montgolfière, mais je savais que cette fois, je passerais la majeure partie du voyage à observer ma belle-mère. Je tenterais de me glisser derrière son regard pour voir les choses de son point de vue et éprouver ce qu'elle ressentait.

J'ai repensé à la coupure de journal aux bords irréguliers qui était tombée d'un des livres de Leo quand nous triions ses affaires, à celle du réfrigérateur, restée des années inaperçue sous l'aimant publicitaire d'un dentiste et enfin, à celle qui avait été oubliée dans un dossier d'impôts de 2014.

Les réflexions du Dr Gawande résonnaient dans mon esprit – pas tant les mots que les sentiments. Toutes les peurs que j'avais éprouvées depuis que Tim et moi avions fait le pacte d'emmener Norma voler en montgolfière commençaient à refluer. Dans l'éclat de son regard, j'apercevais la beauté profonde qu'il y a à se forger son histoire. Je voyais bien qu'à la fin d'une vie, ce n'est pas la recherche de la sécurité qui doit nous guider, mais la quête d'expériences. Tandis que nous prenions délicatement notre envol, Norma a inspiré plus profondément. Pour Leo peut-être, ou pour s'imprégner plus intensément de cet instant.

Nous nous sommes envolés haut dans le ciel, et les yeux de Norma scintillaient ; son visage exprimait une exaltation joyeuse. Émerveillée, les lèvres entrouvertes et les joues rosies, elle a levé les yeux vers le brûleur chargé de réchauffer l'air qui nous transportait. Ensuite, se tournant vers le soleil levant et la cime des arbres, son visage s'est détendu comme jamais, ses traits dessinaient une expression de joie sereine. Je n'ai pas osé la questionner sur ses pensées à ce moment-là. L'instant lui appartenait. Je me suis installée dans un silence confortable avec mes compagnons de vol, l'apesanteur m'élevant vers un profond bien-être.

Nous avons dérivé dans le ciel matinal, flottant au-dessus de la perfection artificielle de Disney World, d'un terrain de golf aux fosses de sable à l'effigie de Mickey Mouse et des embouteillages de l'heure de pointe de la ville d'Orlando. Chaque fois que le brûleur crachait une flamme au-dessus de nos têtes, je sentais une bouffée d'amour gonfler dans ma poitrine ; j'étais immunisée contre le chaos en dessous de nous.

C'est Norma qui a brisé le silence. Ses mains gantées étaient délicatement posées sur le rebord en cuir de la nacelle, son châle couvrait sa tête et ses épaules, le soleil illuminait son visage. Elle a regardé Tim, un grand sourire aux lèvres, et elle a dit :

— Ça aurait beaucoup plu à ton père.

CHAPITRE 9

Toucher

Saint Augustine Beach, Floride
Février

RAMIE

Un jour de février, au petit matin, Tim et moi avons installé notre matelas gonflable devant le camping-car pour lire nos e-mails et nos messages Facebook. Ringo ayant décidé de se joindre à nous, l'espace nous faisait encore plus défaut que d'habitude. Nous nous étions établis sur la côte nord de la Floride, au camping Bryn Mawr Ocean Resort, derrière les dunes qui faisaient face à l'Atlantique. Tandis qu'autour de nous résonnaient le bruit des vagues et le chant des oiseaux, nous avions la larme à l'œil.

— Un cœur peut-il accueillir tant d'amour ? m'a demandé Tim.

En quelques semaines, notre cercle s'était tellement élargi qu'il s'étendait à tous les États-Unis – et au monde entier. D'un côté, la plupart des campeurs autour de nous gardaient leurs distances, et en dehors de quelques propriétaires de chien que Ringo intéressait, nous n'avions fait connaissance qu'avec peu de gens, comme dans les autres campings. Nous étions des anonymes. Mais d'un autre côté, des e-mails et des messages nous arrivaient par milliers sur Facebook et dans nos boîtes mails ; des messages de gens qui avaient entendu parler de notre histoire. C'était incroyable.

Nous avons lu chaque message.

Une femme au foyer du Connecticut nous écrivait pour remercier Norma de l'inspirer à enfin sortir de chez elle et à vivre à nouveau.

Une infirmière en cancérologie nous racontait son désir d'épargner aux patients âgés les traitements invasifs et épuisants pour profiter de leurs derniers jours en paix. La médecine moderne leur offrait quelques jours en plus, mais d'après ce qu'elle voyait, « pas plus de joie ».

Une famille nous annonçait qu'elle avait organisé un périple de dix mille kilomètres en quatorze jours après avoir découvert Miss Norma. « Nous voulons vivre tant que nous le pouvons », nous écrivaient-ils.

De Perth, en Australie, un homme nous envoyait ses vœux. Un autre en Argentine, un câlin. Quelqu'un ayant récemment perdu sa grand-mère nous demandait s'il pouvait appeler Norma « Mamie ».

Cela n'en finissait pas.

Tim n'avait pas exagéré. Nous avions le cœur tellement plein qu'il pouvait exploser à tout moment. Tout ce soutien qui nous venait du monde entier donnait un nouveau souffle à notre quotidien. Mais ce n'était pas tout. Beaucoup de gens nous confiaient leurs plus grandes peurs, leurs chagrins et leurs souhaits. Ils nous parlaient de leurs difficultés en tant qu'aidant, de leur diagnostic ou de leurs regrets. Ils partageaient avec nous leurs souhaits les plus chers, comme celui d'enfin organiser un voyage, de faire la paix avec la mémoire de leur père récemment décédé ou de pouvoir enfin dire à quelqu'un « je t'aime ». De façon soudaine et spectaculaire, nous nous étions retrouvés au cœur d'une conversation mondiale sur le sens de la vie, la maladie, la vieillesse et l'amour. Nous apprenions au jour le jour à nous ouvrir à l'idée d'être le réceptacle de tant d'émotions.

Mais cela n'avait pas été de soi. Au début, nous étions tourmentés par l'angoisse et la panique, terrifiés à l'idée de nous noyer dans une vague de médiatisation et de responsabilités.

*

Cinq cent vingt. C'était le nombre de fois que quelqu'un avait « aimé » notre page Facebook après six mois de voyage. Il s'agissait surtout de membres de notre famille, d'amis et de gens charmants que nous avions croisés en chemin, dans les campings, devant les camions restaurants et dans les parcs nationaux.

Après deux mois, le nombre s'était stabilisé autour de 83 « j'aime » jusqu'à ce que notre amie Susan ait décidé de faire campagne pour atteindre la centaine. Elle avait supplié tout le monde d'aimer notre page, et nous lui avions promis de lui envoyer une carte postale des Rocheuses au centième clic. Nous n'étions pas en mal de reconnaissance, mais pourquoi pas ? Franchir un cap, c'est toujours agréable.

Notre voyage était parfois difficile. Les photos et les bons moments correspondaient bien à la réalité mais, quelles que soient les circonstances, soigner à plein temps n'est pas toujours joyeux. Notre quotidien avait beaucoup changé. Même si Tim et moi vivions toujours comme des nomades, en présence de Norma, notre temps ne s'écoulait pas de la même façon. Au lieu de nous réveiller avant le lever du soleil pour une randonnée de quinze ou vingt kilomètres dans un parc, nous attendions qu'elle se levât et cherchions des itinéraires accessibles en fauteuil roulant en espérant qu'elle se réjouirait de l'aventure. Nous nous souciions de son alimentation et de son sommeil. Si Norma se sentait en forme, nous prévoyions de sortir, sinon, nous restions dans le camping-car à lire ou à faire des puzzles. Elle était notre principal souci : son humeur et sa santé dictaient notre emploi du temps.

Quand Tim ou moi sentions arriver le coup de déprime, quand nous nous découragions devant l'ampleur des soins à prodiguer ou quand nous remettions en question notre décision d'abandonner notre liberté, nous allions voir les dizaines de personnes qui avaient pris le temps d'« aimer » une de nos publications sur Facebook ou de laisser un commentaire. Ils l'ignoraient, mais ces premiers enthousiastes étaient nos supporters. Ils nous aidaient à tenir quand nous pensions être au bout de nos forces.

Un matin venteux à Saint Augustine Beach en Floride, j'avais décidé d'écrire au site de bonnes nouvelles que nous consultions régulièrement, le Good News Network (GNN). Chaque jour, les « j'aime » et les commentaires positifs de nos 520 abonnés sur Facebook nous remontaient tant le moral que j'avais voulu aller plus loin. Peut-être que GNN pourrait diffuser notre histoire et toucher plus de gens.

Quelques jours plus tard, j'avais reçu une demande d'interview. Avant de répondre à l'e-mail, j'en avais parlé à Tim et Norma.

— Chérie, ça ne me plaît pas trop cette publicité, m'avait immédiatement répondu Tim. Je suis plutôt discret, et en plus, ça n'intéressera personne à part les gens qui nous suivent déjà. Notre cercle d'amis sait déjà tout. Est-ce que c'est vraiment nécessaire ?

Après un silence pesant et un peu de réflexion, voyant l'excitation dans mes yeux, et se remémorant peut-être mon besoin d'agir, il avait continué :

— On peut voir comment ça se passe. Mais peut-être ne leur donne pas nos noms de famille ? Si personne ne le lit, c'est la fin de l'histoire, c'est ça ?

— Oui, avais-je fait en espérant secrètement que ce ne fût pas le cas.

— Tu crois que ça ira ? avait simplement dit Norma.

— Je n'ai aucun moyen de le savoir, lui avais-je avoué. Mais tout ce qu'on a mis là-dessus est la vérité, et nous avons vu que d'autres étaient inspirés par notre histoire. Regarde les cinq cent vingt personnes qui nous suivent. On ne connaît certainement pas autant de gens.

— Ça c'est sûr, avait lancé Norma.

— Tu donnes de l'espoir aux gens, tu leur rends le sourire. Je parie qu'il y en a d'autres que ton histoire réconforterait. C'est bien de donner un peu de joie aux autres.

— C'est vrai.

Ensemble, on avait regardé quelques articles sur le site de GNN : « Un centre d'hébergement offre un mariage de conte de fées à un couple de SDF », « Un ancien combattant de la Seconde Guerre mondiale retrouve sa petite amie après soixante-dix ans grâce à des inconnus » et « Un garçon atteint d'infirmité motrice cérébrale domine le skatepark en fauteuil roulant ».

— C'est vraiment très sympathique tout ça.

L'intérêt de Norma grandissait, et nous étions tombés d'accord : il fallait plus de choses positives dans le monde.

— Ce ne sera qu'un article pour un petit site de bonnes nouvelles. Ce n'est pas grand-chose, avais-je continué. Cela dit, on ne fera pas l'interview si tu ne veux pas. C'est toi qui décides, Norma, et personne d'autre.

Elle avait accepté de répondre, avec mon aide, aux trois questions posées dans l'e-mail.

Nous nous étions toutes les deux assises à la table du coin repas, ravies par notre nouvelle entreprise.

Norma, quel conseil donneriez-vous à nos lecteurs face au deuil ? disait l'une des questions.

« Priez chaque jour, et Dieu prendra soin de vous, même si vous avez l'impression de ne pas pouvoir prendre soin de vous-même », avait-elle répondu.

Comment reste-t-on positif ?

Sans réfléchir trop longtemps elle avait dit : « Il faut aller de l'avant, jour après jour. C'est tout. »

Comment faites-vous face à la perte de l'amour de votre vie ?

Et dans une réponse que je savais inspirée de Rick et Jo : « En me remémorant son histoire, ça aide beaucoup. »

Le dimanche suivant mon téléphone portable avait gazouillé pour m'avertir de la réception d'un nouvel e-mail. C'était GNN ; ils venaient de publier l'article « Driving Miss Norma » qu'ils espéraient à notre goût. En plus des réponses aux trois questions, j'avais envoyé beaucoup de photos. En ouvrant mon ordinateur, j'avais découvert le travail fantastique de GNN. C'était intéressant de voir notre histoire à travers d'autres yeux que les nôtres. Peu après, notre page Facebook a explosé. Nous avions gagné trente abonnés en moins d'une heure ! Puis le nombre a bondi jusqu'à 637. Chaque fois que je rafraîchissais la page, le nombre augmentait par bonds énormes. À l'heure du dîner, nous avions 1 800 « j'aime ». Quand nous sommes enfin allés nous coucher, nous avions reçu un message du journal télévisé de la chaîne CBS : ils voulaient tourner un reportage sur nous pour l'édition du soir.

Le jour suivant, nous comptions visiter le Castillo de San Marcos de Saint Augustine avec de vieux amis qui vivaient dans la région et nous avaient rejoints. Mais au lieu de découvrir l'histoire de l'influence espagnole sur la Floride avec le reste du groupe, j'avais discuté au téléphone avec Courtney, productrice pour CBS à New York, en m'appuyant contre un canon vieux de trois cent vingt et un ans.

— Il y a cinq minutes, votre page avait 4 000 « j'aime ». Vous vous imaginiez une telle chose ? avait demandé Courtney.

Je tenais mon téléphone d'une main et j'avais plaqué l'autre sur mon oreille pour l'entendre malgré le vent et un groupe de CM2 en sortie scolaire. J'avais admis que je ne m'attendais absolument pas à une telle chose, et que je n'avais aucune idée de la suite des événements.

Pendant quarante-cinq minutes, nous avions évoqué les montgolfières, les dauphins, la mort, le Grand Canyon, le cancer et la force d'une petite dame qui, sans le vouloir, avait touché des milliers de gens dans tout le pays. Courtney était sincère et accessible, c'était quelqu'un que je me voyais bien inviter à dîner. Néanmoins, je savais que cette conversation pouvait changer nos vies. Obéissant à un désir de sincérité, le moteur de notre aventure, j'avais lancé :

— Je dois vous dire, Courtney, Norma est très timide et, honnêtement, je ne sais pas si elle passera bien à la télévision. Si ça n'a pas de sens de faire ce reportage, nous ne serions pas déçus. C'est Norma, notre priorité, pas la notoriété.

À la fin de la conversation, nous ne nous étions engagées à rien. Courtney devait parler à son équipe, et il fallait que je parle à la mienne. Je ne pouvais pas accepter de faire une interview sur une grande chaîne sans réunir le conseil de famille.

— Au cas où vous vous poseriez la question, m'avait dit Courtney avant de raccrocher, vous en êtes à 5 200 « j'aime ». Ça va être une sacrée aventure. À bientôt !

Les chiffres Facebook continuaient de grimper. GNN nous avait informés que « Driving Miss Norma » était leur article le plus consulté avec plus de

50 000 vues, la deuxième page la plus populaire était « La Chine cherche des câlineurs de bébés pandas professionnels ». Comment Miss Norma pouvait-elle être plus populaire qu'une portée d'adorables bébés pandas ?

Mais à mesure que les chiffres augmentaient, notre angoisse aussi. Ce que Tim et moi ressentions s'apparentait davantage à de la peur qu'à de l'enthousiasme.

Cinq ans auparavant, quand nous avions décidé de ne plus consulter les médias, nous l'avions fait pour avoir le contrôle de ce qui nous touchait, au lieu d'absorber passivement tout ce qui nous passait sous les yeux. L'assaut d'informations négatives – le terrorisme, les fusillades, la politique et les scandales – était devenu trop intense. Cela avait érodé nos nerfs et commencé à influencer notre façon de penser. Nous avions donc cessé de regarder les journaux télévisés et de lire quotidiens et magazines. Nous avions même bloqué les nouvelles de notre fil d'actualité Facebook.

Maintenant, nous étions devenus l'info. Cela allait même plus loin : des centaines de personnes nous écrivaient et nous appelaient pour nous demander de les laisser entrer dans nos vies.

« Mon audace a tout gâché », me lamentais-je avec chaque nouvelle demande ou chaque nouveau « j'aime ». J'avais enlevé toute vie privée à ma famille. La confiance de Tim et de Norma avait été trahie. J'avais créé un monstre que je ne savais pas maîtriser. Même entendre les battements de mon cœur dans mon lit la nuit me mettait mal à l'aise.

Tim était en colère. Furieux.

— Tu devais forcément savoir ce qui allait arriver, me répétait-il. Il faut qu'on arrête Facebook. Supprime la page. On ne peut pas faire ça. Maman ne peut pas.

Qu'avais-je fait ?

*

Heure après heure, les messages arrivaient toujours par milliers ; nous peinions à suivre le rythme. Et cet intérêt soudain ne se limitait pas qu'aux États-Unis : « Venez voir les tulipes de Hollande, vous serez les bienvenus chez nous », « Merci pour votre message de paix », écrivait un habitant des îles Canaries. On nous saluait d'Irlande, on nous invitait au Kenya, une jeune maman du Japon montrait son bébé de dix mois à côté de photos de Miss Norma. Des équipes de tournage française, sud-coréenne et brésilienne nous suppliaient de nous suivre dans nos voyages.

Malgré tout, je me répétais qu'il me suffisait de ne plus mettre à jour la page Miss Norma pour tout arrêter ; les choses reprendraient alors leur cours normal. C'était aussi simple que cela, non ?

Tim et moi passions la plupart de nos après-midi au bord de l'océan ; nous nous baladions à vélo sur la promenade et sur le sable compact de la plage de Saint Augustine, pour tenter – en vain – de reprendre notre souffle entre les sollicitations des médias et les centaines d'invitations et de messages chaleureux. Avec la brise marine qui caressait notre visage et les vastes eaux bleues devant nous, nous profitions de l'espace et de la quiétude de ces balades pour prendre des décisions, refuser les demandes de *talk-show*, dégager le comique de la situation et remettre notre relation au-dessus de tout.

— Encore un tour jusqu'à la jetée ? me lançait Tim en me dépassant.

Peut-être qu'en pédalant assez vite nous pourrions laisser tout cela derrière nous : la peur d'être exploités, d'être privés de notre intimité ou de mettre Norma dans une situation terrifiante, sans oublier le déluge d'émotions intenses qui nous arrivait par Internet.

Un soir, j'ai pris un *Reader's Digest* que Norma avait récemment échangé à la bibliothèque du camping contre un de ses romans policiers. En feuilletant le magazine, je suis tombée sur le dessin d'un chat, avec une chaussette en guise de chapeau, qui faisait la manche. Sur un bout de carton il y avait écrit : « Ancien phénomène YouTube. »

— C'est nous, ai-je dit de ma voix la plus rassurante. Nous ne sommes que la vidéo virale du moment. On sera bientôt passés de mode, et la vie reprendra.

Tout en m'excusant pour la personne qui allait emprunter le magazine après moi, j'ai arraché la page pour la garder comme rappel du caractère éphémère de ce moment.

Mais était-ce ce que nous voulions vraiment ?

À chaque nouveau message et à chaque discussion en famille sur notre situation, une petite flamme s'allumait en nous.

« Mon beau-père a récemment été emporté par un cancer. Votre histoire m'aide à traverser cette épreuve. »

« Je montre toutes vos publications aux résidents de la maison de retraite où je travaille. Vous les encouragez à profiter de leurs derniers jours. »

« Vous comblez un vide dans les médias. »

« Je suis médecin, et je vais parler différemment à mes patients maintenant que j'ai lu votre histoire. »

« Je passais une très mauvaise journée après avoir révélé à mes parents que je suis homosexuel. Je ne trouvais plus de raison de vivre. Mais en voyant une de vos photos, ma douleur s'est estompée. Vous avez choisi de vivre malgré l'endurance extraordinaire que ça vous demande. Si vous pouvez le faire, moi aussi. »

« Vous m'avez sauvé la vie. Quand je vois la joie sur votre visage, je sais que le meilleur est à venir. Vous m'avez aidé plus que la médecine ou les psychologues. »

« Ma sœur a perdu sa bataille aujourd'hui, Miss Norma. J'espère que vous allez continuer à vous accrocher en mémoire de ceux qui n'ont pas pu partir avec vous. »

Tantôt en pleurant, tantôt en riant, nous lisions les messages tout haut à Norma qui souriait en entendant ces histoires de vies transformées ; parfois, nous nous regardions et récitions une prière pour ceux qui avaient perdu quelqu'un. Une vague d'amour et d'empathie a chassé la peur qui s'était déversée dans nos cœurs.

*

Après ce revirement, il fallait prendre une décision pour l'interview de CBS. Tim était convaincu que sa mère n'était pas faite pour la télévision. Elle était timide et avait toujours joué les seconds rôles dans sa vie ; jamais elle n'avait été la vedette. Comment allait-elle pouvoir se mettre en avant pour la première fois ? C'était hors de qucstion..

Alors que Tim et moi débattions, discutions et nous faisions du souci, Norma prenait sa décision toute seule. Nous ignorons ce qui avait changé en elle, mais à notre grande surprise, elle avait accepté l'idée.

— Je peux le faire, Tim, a-t-elle affirmé, jamais aussi sûre d'elle.

Était-ce une forme d'entêtement ? Une volonté de donner tort à son fils ? Peut-être que, comme avec le vol en montgolfière, elle était prête à écrire une nouvelle page de son histoire. Elle avait peut-être toujours été une fervente admiratrice du journal de CBS. Qui sait ? Mais une fois sa décision prise, c'était fini. Elle voulait y aller.

Courtney et moi avions un plan : Norma allait d'abord parler au téléphone avec la productrice de CBS à Miami qui, si tout se passait bien, viendrait plus tard pour le tournage. Cette productrice allait pouvoir mesurer l'aptitude de Norma à s'exprimer par phrases complètes sans avoir besoin de nous pour la rassurer. Norma était experte en langage corporel, mais elle ne parlait pas beaucoup.

Tim ne supportait pas l'idée de voir sa mère se mettre dans l'embarras. Il est parti avec Ringo se promener sur la plage, car il ne voulait pas assister au désastre qui se produirait quand la productrice d'une émission très regardée entendrait les mouches voler au bout du fil. En me lançant un dernier regard – et derrière le dos de Norma – Tim m'a fait une moue désespérée.

— Je vais dehors. Je ne peux pas voir ça, a-t-il dit en fermant la porte derrière lui.

Ce que Tim ignorait c'était que j'avais entraîné Norma durant les derniers jours quand il était absent. Je l'ai exercée à parler avec des phrases complètes de plus de cinq mots. Je lui ai appris à éviter de répondre « Oh, je ne sais pas » à chaque question – la réponse que Tim et moi obtenions à tous les coups. Ces séances de préparation nous avaient bien amusées. Norma et moi étions persuadées que Tim ne se doutait de rien quand le téléphone a sonné quelques minutes plus tard.

J'ai passé mon portable à Norma. Elle ne s'en était servi que deux fois depuis notre départ du Michigan.

— Voilà. Ça passe ou ça casse, ai-je dit à la cantonade.

Assise au bord du lit et hors de vue, j'écoutais attentivement la conversation décisive ; j'avais les mains moites et la bouche sèche.

— Eh bien, je ne suis jamais montée à cheval. Je crois que ça me plairait, disait-elle. Je voudrais aussi essayer la pêche à la mouche. Ça me plairait bien, ça aussi.

Oui ! Des phrases de plus de cinq mots ! Et sa voix avait une force et une conviction que je n'avais jamais entendues auparavant.

— Oh, bien sûr, on s'amuse beaucoup. Mon moment préféré, c'était quand on est montés dans la montgolfière à Orlando. J'ai adoré.

— Elle assure ! ai-je crié sans voix.

Je me suis allongée sur le lit, les jambes et les bras battant l'air d'excitation et de fierté. Je me sentais comme une mère regardant son enfant maladroit lors de son premier spectacle de danse : ne pas tomber était déjà un exploit. Non seulement elle ne tombait pas, mais elle exécutait l'exercice avec grâce.

Quand Norma m'a rendu le téléphone, elle souriait fièrement. Mon cœur battait fort.

— Elle a été super ! Pas de problème. Ça va très bien se passer, m'a confirmé Eliana, la productrice de Miami. On vient lundi ou mardi. D'accord ?

C'était décidé.

— Alors ? a demandé Tim en passant la tête par la porte.

Sa question semblait l'effrayer. Ayant fait son jogging avec Ringo, la sueur coulait sur ses joues – des sueurs froides peut-être ?

Norma a juste souri. Elle m'a jeté un coup d'œil avant de regarder Tim.

— Ils viennent lundi. J'ai dû bien me débrouiller.

— Ce n'est pas vrai ! s'est exclamé Tim. Je suis désolé, maman, mais je ne pensais pas que tu y arriverais.

— De quoi as-tu peur, Timmy ? a demandé Norma pour rassurer son fiston.

Nous avons ri et décidé qu'il était temps d'y aller à fond.

Heureusement pour nous, le journaliste David Begnaud et son équipe ont été formidables, ils nous ont aidés à nous sentir à l'aise devant la caméra. Après le tournage, et quelques semaines seulement après la parution de l'article sur GNN, la page Facebook *Driving Miss Norma* comptait 91 000 « j'aime ». Quatre-vingt-onze mille !

Norma semblait apprécier toute cette attention. On ne l'avait pas souvent flattée dans sa vie. Nous nous sommes surpris à prendre du plaisir lors de ce tournage de deux jours ; contre toute attente, nous étions capables de continuer notre voyage sous le regard du monde.

*

Un soir tard, quelques jours après le départ de CBS, nous avons reçu sur notre page Facebook la photo d'un homme charmant de Zurich. On le voyait tenir un papier sur lequel était écrit à la main : « Bravo, Norma, je vous ♥ », et il avait signé en bas.

— Qu'il est gentil, ai-je dit à Tim en glissant l'ordinateur vers lui pour lui montrer la photo.

Épuisée, j'ai fermé le MacBook et essayé de dormir un peu. Le lendemain matin, quand je l'ai rouvert, la photo de l'homme charmant était toujours à l'écran. Tim et moi l'avons regardée de plus près et nous nous sommes exclamés en même temps :

— Ça alors ! C'est Paulo Coehlo !

Le monsieur de la photo était l'auteur de *L'Alchimiste*, un de mes livres préférés. C'était l'écrivain vivant le plus traduit au monde et un héros national au

Brésil, son pays d'origine. Paulo Coelho avait publié la photo sur sa page Facebook pour ses vingt-huit millions d'abonnés.

Le jour suivant, la page *Driving Miss Norma* avait reçu des dizaines de milliers de messages du monde entier, la plupart du Brésil. Tim s'est mis au portugais pour répondre à un maximum de messages. La page a reçu 39 000 « j'aime » de plus, et nous avons compté 93 demandes de médias. À un moment, nous avions plus de 106 000 messages non lus, et l'écran en affichait de nouveaux plus vite que nous ne pouvions les lire. Norma était officiellement devenue « virale », alors que le reportage CBS n'avait même pas encore été diffusé.

Mais rien d'autre n'avait changé dans nos vies. Norma suivait toujours son train-train quotidien à la minute près – lever à 9 heures et petite danse en allant se coucher à 21 heures. Elle faisait ses puzzles tranquillement sur la table de pique-nique installée dehors, tandis que Ringo, son fidèle compagnon, faisait la sieste à ses pieds et que Tim et moi parcourions les messages. Tout avait changé dans le monde virtuel, mais dans la réalité, rien n'avait bougé.

Pourtant un après-midi, nous avons emmené Norma pour une balade sur la plage de Saint Augustine. Tim poussait sa mère dans son fauteuil sur le sable compact pendant que Ringo et moi trempions nos orteils dans l'eau. Non loin de là, deux femmes ramassaient des coquillages.

— C'est Miss Norma ? avons-nous entendu l'une d'elles dire à l'autre.

— C'est… C'est elle !

Les deux femmes se sont approchées.

— Vous êtes une telle inspiration pour nous !

Je suis restée bouche bée. Les mots que j'avais vus sur l'écran d'ordinateur prenaient soudain vie : elles nous serraient la main et nous prenaient dans leurs bras, elles sentaient l'écran total et l'eau de toilette. Ma petite belle-mère avait été reconnue dans la rue. Elle était acclamée comme une héroïne.

Dressée sur son fauteuil et le regard pétillant, Norma souriait aux deux femmes. Elle parlait avec ces charmantes inconnues comme une professionnelle ; elle riait, leur serrait la main.

— Tout va bien se passer, ai-je murmuré à Tim qui se tenait à côté de sa mère avec méfiance. Elle se débrouille très bien !

— Je sais, a-t-il répondu.

Des larmes ont coulé sur ses joues.

En l'observant, j'ai compris qu'il ne faisait pas que la protéger, il y avait autre chose. Il était fier et ému, touché par l'impact qu'avait eu sa mère dans le monde réel.

Après cela, nous nous sommes autorisés à ouvrir la porte à tout. Mon téléphone sonnait sans arrêt ; il y avait les innombrables interviews, les longues conversations réconfortantes avec ma mère et avec ma meilleure amie, Patti, qui vivait en Pennsylvanie. Lire les messages, y répondre, lire les histoires d'inconnus d'ici et d'ailleurs était devenu une partie intégrante de notre quotidien.

Au milieu de tout ça, Tim, Norma et moi nous parlions en toute sincérité. Nous avions en tête l'image d'un caillou que l'on jette dans une eau calme, l'onde se propageant par vaguelettes successives jusqu'à la rive : des répercussions qui vont bien au-delà du point d'impact. Mais nous avions l'impression que c'était un énorme rocher qu'on avait jeté dans un océan, les vagues se répandant bien au-delà des rivages que nous avions imaginés.

CHAPITRE 10

Donner et recevoir

Île d'Hilton Head et Charleston,
Caroline Du Sud
Mars

RAMIE

Tim et moi savons depuis longtemps que les gens sont le plus souvent bienveillants et serviables. Nos nombreux voyages nous ont éveillés à la beauté et à la diversité de notre pays et de ses habitants. Au fil du temps, nous avons reçu et donné, grâce à des actes de générosité, qu'ils fussent grands ou petits. Il nous était de moins en moins rare de donner notre parapluie à un sans-abri lors d'une grosse averse, par exemple, ou d'être aidés par un inconnu quand nous avions oublié notre portefeuille pour les courses. On ne s'en lasse jamais.

En parcourant le Sud, nous avons vu ces gestes se multiplier. On pourrait mettre cela sur le compte de la fameuse hospitalité régionale, mais nous avions plutôt l'impression de surfer sur une vague d'amour à travers tout le pays.

Les invitations nous arrivaient de tous les États-Unis et au-delà. « Venez en Californie. Je vous emmènerai faire du parapente en tandem, Miss Norma », nous proposait-on. On nous invitait à rejoindre un « Cirque Rock-and-Roll Steampunk » en tournée. Il y avait aussi un séjour dans des campings réservés aux dames, des coupes de cheveux gratuites, le premier lancer d'un match en Ligue majeure de base-ball, sans oublier les déjeuners et les offres de dégustation de la meilleure glace ou du meilleur barbecue de presque chaque État. En Alaska, nous étions invités à faire du kayak, à participer à l'Iditarod, la grande course annuelle de chiens de traîneau, à profiter d'une voiture de location gratuite et à embarquer sur un ferry de l'Alaska Marine Highway.

Norma aurait adoré conduire un attelage de chiens de traîneau – et nous mourions d'envie de voir cela –, mais nous étions bien loin de l'Alaska.

Avec chaque invitation acceptée, nous nous ouvrions encore un peu plus. Quand la géographie et le temps nous permettaient de dire « oui » à une de ces offres généreuses, les barrières qui nous séparaient – la religion, la politique, l'origine et l'âge – s'estompaient et finissaient par disparaître. Et peut-être sommes-nous même allés au-delà. Nous avons vu la vérité des gens, et aussi celle de Norma, son rayonnement, sa ténacité, sa joie et sa force.

*

À la mi-mars, nous avons élu domicile dans un camping de l'île d'Hilton Head, en Caroline du Sud.

Le processus d'enregistrement nous était familier ; il était similaire à celui d'un hôtel avec en plus un point sur la hauteur des branches, sur la vidange des eaux usées et sur l'orientation de la parabole satellite.

Depuis que nous voyagions avec Norma, nous avions pris l'habitude de ramasser de la lecture dès que cela nous était possible. Souvent, cela signifiait collecter les brochures touristiques, la presse locale et le calendrier des manifestations à l'accueil du camping. Tim et moi installions le camping-car pendant que Norma jetait un œil sur la documentation.

— Alors, tu trouves quelque chose, maman ?

Tim posait toujours la question et recevait toujours la même réponse :

— Oh, je ne sais pas. Tout a l'air sympathique.

Voyageuse sans chichis, Norma savait que nous trouvions toujours des activités partout où nous allions. Elle n'avait pas d'idées préconçues ; n'importe quelle promenade faisait l'affaire.

Mais nous allions avoir une sacrée surprise ce samedi après-midi-là.

— Il y a un défilé demain à 15 heures, a-t-elle annoncé. J'aimerais bien y aller.

Il n'y avait pas l'ombre d'une interrogation dans sa voix. Miss Norma voulait voir le défilé.

Peut-être avait-elle été enhardie par son expérience lors d'un barbecue à Savannah où Tim nous avait emmenées. C'était une fête d'au revoir organisée par d'autres amateurs de camping-car qui avaient lu notre histoire. Ils partaient faire leur propre voyage de fin de vie, un périple de six mois avec leurs trois chiens âgés. Norma avait mangé un hamburger et bu de la bière pendant que nous réjouissions le voisinage avec nos récits. Je l'avais regardée avec fierté, espérant qu'elle conserverait ce désir de sortir de sa coquille tout au long de notre aventure.

Tim restait incrédule.

— Demain c'est dimanche, maman. Tu es sûre que tu as bien lu ?

— Oui. C'est marqué là.

Elle a tourné les pages du journal local jusqu'à trouver l'annonce pour le 33e défilé de la Saint-Patrick.

Tim hésitait, alors j'ai tenté quelques encouragements.

— Ça va être amusant ! On adore les défilés, n'est-ce pas, Tim ? Pense au Mexique, il y a des défilés partout là-bas.

— Mais comment on va se garer et circuler dans la foule avec le fauteuil roulant ? Je ne sais pas trop si c'est une bonne idée.

Il avait raison. Nous venions d'arriver sur l'île, et les lieux nous étaient encore inconnus. Ce ne serait pas une sortie facile.

— Tu peux la faire changer d'avis ? m'a-t-il demandé dans sa barbe pour qu'elle n'entende pas.

J'ai dû lui lancer un regard très méchant, car il a immédiatement modifié son approche.

— Attends, a-t-il finalement dit. Je me souviens d'avoir reçu un message d'Hilton Head récemment. Je n'ai pas répondu parce que je ne pensais pas qu'on viendrait.

Il s'est mis à chercher parmi les milliers de messages.

— C'était une femme avec un nom masculin… Charlie ! La voilà ! Elle travaille à la Chambre de commerce.

J'ai essayé d'entretenir l'optimisme.

— On pourrait peut-être lui écrire et lui demander où est le meilleur emplacement pour assister au défilé avec un fauteuil roulant.

— On est samedi. Le défilé est demain. Elle ne va pas répondre maintenant, a-t-il répondu avec sa vieille habitude de dire « non » avant de dire « oui ». C'est trop tard.

Puis il a ajouté, comme pour régler l'affaire :

— On ne peut pas tout faire de toute façon.

Il avait mille et une raisons d'éprouver de la gêne à contacter une inconnue, mais il lui a suffi d'un coup d'œil vers sa mère pleine d'espoir, en train de jouer sur son iPad, pour se résoudre à écrire un mot à Charlie.

Après quelques excuses pour le dérangement, Tim écrivit : « Miss Norma adore les défilés, alors nous allons nous y aventurer demain après-midi. Si vous lisez cet e-mail à temps, peut-être pourriez-vous nous suggérer un bon endroit d'où nous pourrions le regarder. Elle sera en fauteuil roulant. »

Moins d'une heure plus tard, Charlie nous avait répondu avec des recommandations pour le parking et la vue. Nous avons discuté stratégie, de l'heure matinale à laquelle nous allions devoir partir afin de trouver où nous garer et dénicher un endroit ombragé. C'est alors qu'un nouveau message est arrivé. Tim a regardé l'ordinateur toujours posé sur ses genoux.

— Ah ! Eh bien, voilà !

L'air ravi, il a bien articulé chaque mot : « Miss Norma voudrait-elle assister au défilé de l'intérieur ? Il y a une voiture et un chauffeur en plus. »

Nous avons tous éclaté de rire.

Tim a complètement cessé d'être pessimiste.

— Qu'est-ce que tu en dis, maman ?

— Et puis zut, pourquoi pas ? a-t-elle lancé.

Et après une minute, elle a ajouté :

— Ringo aussi ?

*

Le lendemain matin, Charlie est venue nous chercher au camping et nous a emmenés dans un pub irlandais où se déroulait le déjeuner des dignitaires. Norma a été présentée à tous les anciens parrains de l'événement, à quelques maires de la région, à Lee Jean, finaliste d'*American Idol*[1], et à d'autres qui sont immédiatement venus grossir les rangs du fan club de Miss Norma.

Ma belle-mère a été nommée membre honoraire du comité du défilé de l'île d'Hilton Head. On lui a offert un pin's et un bracelet, chacun lui donnant accès à certains privilèges, dont nourriture et boisson gratuites avant le défilé. Tim, Ringo et elle ont été emmenés dans un vieux tramway vers le point de départ du cortège.

Pendant ce temps, on m'a escortée jusqu'aux gradins des dignitaires avec la mère de Lee Jean pour que je puisse profiter de la meilleure vue. À côté de moi, il y avait une grosse caméra de télévision, et en face, on avait déroulé une banderole : « Streaming en direct sur WSAV.COM ». Je voulais rester dans le présent, mais il fallait que je partage ce moment surréaliste avec

1. Nom américain de « La Nouvelle Star ».

quelqu'un, sinon je n'aurais pas cru ce qui m'arrivait. J'ai envoyé un SMS à mon amie Patti et sa compagne April, sachant que notre bonne fortune les ferait certainement sourire. Peut-être apercevraient-elles Tim, Norma et Ringo dans le cortège.

Près de 35 000 personnes vêtues de vert avaient investi les rues. Pendant des heures, des écoliers, des orchestres de lycéens, des danseurs irlandais, des chars extravagants surmontés d'élus locaux ont marché, paradé et tambouriné. À un tiers du défilé, de jeunes adolescentes dans la foule ont frôlé l'hystérie à la vue de Lee Jean, seize ans, dans sa Jaguar décapotable. Lui, souriait timidement et saluait la foule. Sa mère s'est penchée vers moi et m'a dit par-dessus les cris stridents des fans :

— Il s'habitue progressivement à sa nouvelle notoriété.

J'ai eu une seconde pour réfléchir aux parallèles entre ce que traversaient ces deux célébrités de fraîche date, un adolescent et une nonagénaire. Et soudain, je l'ai aperçue : la voiture qui suivait la Jaguar était une Ford Mustang décapotable verte. L'exaltation des midinettes a laissé place à l'enthousiasme d'une partie plus âgée du public. Le panneau sur la voiture disait : « Miss Norma ».

De mon perchoir, je pouvais voir tout Pope avenue. Les arbres commençaient à bourgeonner après leur sommeil d'hiver ; ils s'étaient réveillés juste à temps pour la fête de la Saint-Patrick. Quand la Mustang s'est approchée, j'ai gloussé en apercevant Ringo assis à l'avant. Puis j'ai vu quelque chose qui m'a stupéfaite : un sourire que je ne connaissais pas à Norma.

Assise sur le dossier de la banquette arrière, elle saluait la foule et souriait comme une reine de bal. Elle semblait plus vivante que jamais. Elle rayonnait. On aurait dit qu'il n'y avait pas une once de timidité en elle.

Je n'ai pas pu contenir ma fierté et ma joie. Je me suis levée, et je lui ai fait signe à mon tour avec les autres spectateurs. J'applaudissais en me déhanchant sur la musique de l'orchestre que j'entendais arriver derrière eux. Comme les adolescentes juste avant, j'exultais d'adoration, incapable de contrôler mon émotion. Elle était là, vivant en grand, embrassant sa toute nouvelle notoriété ; son sourire contagieux transportait le public avec elle.

Mon portable a vibré dans la sacoche de mon appareil photo. Un SMS de Patti : « On vient de les voir ! On vient de les voir ! C Génial ! Vous vivez à fond ! » Puis un autre : « Tu as rencontré Lee Jean ? ON L'ADORE ! » J'ai ri, heureuse d'avoir pu partager ce moment avec quelqu'un.

Tandis que le reste du cortège passait devant moi, l'adrénaline circulait toujours dans mes veines. J'ai pensé à la dernière fois que j'avais vu Norma dans un bolide pareil. C'était environ quinze ans auparavant. Stacy avait offert à Leo une Toyota MR2 1988 suralimentée, ou comme la famille aimait l'appeler : « Mister 2 ». Très peu de ces voitures avaient été importées aux États-Unis – et elles sont encore plus rares aujourd'hui, car au volant de ces petites sportives, la plupart des conducteurs les ont réduites en amas de tôle pliée. La vitesse n'avait pas d'importance pour Leo et Norma. Ils avaient quatre-vingts ans et n'allaient pas envoyer leur voiture contre un arbre.

Ils se rendaient à l'église avec Mister 2, cheveux au vent, après avoir retiré le toit amovible. C'était leur voiture du dimanche. Norma en avait gardé beaucoup de bons souvenirs, comme quand Leo faisait crisser les pneus de la voiture grise deux places sur le gravier des routes du Michigan. Plus tôt ce matin-là, Norma m'avait confié qu'elle n'avait fait qu'un seul défilé dans sa vie.

— C'était dans la voiture de sport de papa, m'avait-t-elle raconté. Tu sais, on fait deux fois le tour du phare de Presque Isle, et en dix minutes, le défilé est terminé.

Si seulement Leo avait pu la voir dans sa Mustang, sous les regards captivés de milliers de gens.

Ce soir-là à 21 heures, nous avons chanté et dansé jusqu'au lit comme d'habitude, cette fois au rythme d'une musique de défilé, Norma prenant sa canne pour un bâton de majorette.

— Comment te sens-tu après cette journée incroyable, Norma ?

J'espérais une réponse pénétrante sur la joie de recevoir tant d'encouragements, un commentaire sur les superbes chars qu'elle avait admirés des gradins après avoir bouclé son grand tour, ou l'entendre dire qu'on l'avait invitée à voir les fameux chevaux Clydesdale des publicités Budweiser ou à se prélasser sur une plage privée.

— Je ne sais pas, mais il y a une chose… Demain, j'aurai sûrement des courbatures au bras ! J'ai beaucoup salué.

*

La semaine suivante, Charlie nous a organisé un petit séjour à Charleston, située à deux heures de route au nord de l'île. On nous a réservé des chambres dans l'hôtel le plus chic de la ville, le Belmond Charleston Place, qui était à deux pas de tout ; nous allions avoir accès à de nombreuses attractions avec Norma.

Arrivés en avance, nous avons été enchantés d'apprendre que nous allions bénéficier du statut « club » et de ses cinq services par jour. L'hôtel ne nous a pas fait payer de supplément pour Ringo.

— Ça te dit une coupe de champagne en attendant que nos chambres soient prêtes, maman ?

En chargeant la Jeep ce matin-là, nous nous étions rendu compte que ce petit voyage à Charleston tombait au même moment que l'anniversaire de Leo. Nous voulions en faire une journée spéciale.

— Oui, pourquoi pas ? a-t-elle répondu.

Tim s'est dirigé vers les grands escaliers qui menaient au bar-restaurant, pendant que Norma, Ringo et moi étions cantonnés en bas, car notre cher toutou n'aurait jamais pu résister au buffet. À son retour, Tim était accompagné de deux jeunes barmaids, Amanda et Robin.

— Elles voulaient te rencontrer, maman.

Et en s'adressant à moi :

— Je leur ai raconté notre histoire, et elles ont voulu la voir. Je les ai prévenues qu'elle serait peut-être un peu triste aujourd'hui à cause de l'anniversaire. C'est le premier.

Après quelques minutes de conversation, les deux barmaids ont dû regagner leur poste, mais avant de rejoindre le bar, elles nous ont suppliés de venir dîner et déguster des cocktails ce soir-là.

— Avec plaisir, ai-je répondu.

Après le départ d'Amanda et de Robin, un grand monsieur est apparu avec une enveloppe.

— C'est vous Miss Norma ?

Le petit corps de Norma s'enfonçait à peine dans le canapé en cuir. Tenant sa flûte de champagne dans sa main osseuse, elle s'est penchée légèrement :

— Oui, c'est moi Norma.

Elle a levé un peu les yeux vers la silhouette impressionnante qui se tenait à côté d'elle. Le regard était bienveillant, alors Norma lui a souri.

— Je m'appelle Gary. Je travaille à l'Office du tourisme de Charleston. Nous sommes ravis de vous accueillir dans notre ville.

— Je suis heureuse d'être là.

— J'ai un cadeau de bienvenue pour vous. Nous voulons que vous profitiez de votre séjour au maximum. Voici des billets VIP pour toutes les attractions de Charleston et ses environs : les maisons coloniales, les plantations, les jardins, le port, les promenades en calèche… Tout ce que vous voudrez !

Norma avait les yeux et les oreilles grands ouverts.

— Je ne vous demanderai qu'une seule chose en retour…

J'ai regardé nerveusement Tim et Norma. Qu'est-ce que cela pouvait être ? En acceptant cette générosité, étions-nous tombés dans un piège ? Se servirait-on de nous ? Tous les signaux d'alerte clignotaient dans mon esprit ; je pensais toujours d'abord à protéger ma famille. Je savais que Tim se posait les mêmes questions.

Mais Gary a seulement dit :

— Je peux vous prendre dans mes bras, Miss Norma ?

Il nous a raconté qu'il avait perdu sa mère, et qu'elle lui manquait beaucoup. Loin de lui l'idée de se servir de nous dans un but promotionnel ou toute autre demande sordide que j'avais imaginée.

— Je serais très heureux si vous n'ouvriez pas votre ordinateur pendant votre séjour ici, nous a-t-il dit. Prenez du bon temps.

Gary a obtenu son câlin, et nous avons profité d'un passe pour découvrir tout l'art et la culture de Charleston. Mais surtout, nous avons appris à davantage ouvrir notre cœur.

Nous nous sommes installés dans nos chambres pour nous reposer jusqu'au dîner ; et pendant que Ringo s'ébrouait dans les draps luxueux du lit 193 x 203 cm de la suite présidentielle, nous nous sommes dirigés vers le bar-restaurant.

Je n'avais jamais vu ma belle-mère boire beaucoup. Pendant ce voyage, elle semblait avoir décidé de savourer une bière avec Tim tous les soirs. Les cocktails n'avaient jamais été sa tasse de thé. Mais pour une enfant de la Grande Dépression, tout ce qui était gratuit suscitait l'intérêt.

— Qu'est-ce que ce sera pour vous, Miss Norma ? a chaleureusement demandé Amanda avec son charme naturel.

Norma était comme poisson hors de l'eau. Elle a interrogé Tim du regard. Elle était prête pour cette nouvelle aventure mais ne savait pas par où commencer.

— As-tu déjà goûté au gin tonic, maman ?

— Non, je ne crois pas.

— Commençons par ça, Amanda.

Il semblait y avoir une infinité de plats, et les boissons d'Amanda se faisaient de plus en plus exotiques au fil de la soirée. À vrai dire, tout était exotique pour Norma ; elle découvrait que tout le monde avait une histoire unique à raconter. Nous avons appris que la passion d'Amanda n'était pas les cocktails mais la musique : elle espérait un jour composer la bande son d'un film.

À 22 heures, il était temps de commander notre dernier verre au bar « Club ». Nous passions un si bon moment que Norma n'avait même pas remarqué que l'heure d'aller se coucher était déjà passée. La plupart des gens étaient soit montés dans leur chambre soit à l'un des autres bars de l'hôtel ouverts au public. Assis au comptoir, nous sirotions ce qu'il restait dans nos verres, toujours en grande conversation avec Amanda et Robin.

Avant de nous dire bonsoir, Robin est allée chercher une assiette et l'a posée devant nous avec un grand sourire. C'était un petit baba au chocolat surmonté de cerises griottes, de crème fouettée et de deux bougies. Il y avait écrit « Joyeux anniversaire Leo » en glaçage au chocolat sur l'assiette.

J'en avais le souffle coupé. Les bougies éclairaient le visage de Norma, et leur flamme scintillait dans ses lunettes. C'était si inattendu et si touchant que nous avons tous pleuré, même les employés de l'hôtel.

Infiniment émus, nous nous sommes penchés tous les trois pour souffler.

Cela faisait presque neuf mois que Leo nous avait quittés. Les bouleversements qui avaient suivi nous avaient tant accaparés que nous n'avions pas pris le temps de regarder en arrière. Ce simple geste nous a permis de nous arrêter un moment pour nous souvenir.

Plus tard ce soir-là, Tim, pleurant de nouveau, m'a murmuré :

— C'était la première fois que je la voyais pleurer la mort de mon père. Quel cadeau !

CHAPITRE 11

Célébrer

Marietta et Atlanta, Georgie
Mars

TIM

Au moment où nous avons traversé la frontière de l'État de Georgie, nous avions cessé de résister : nous nous laissions volontiers entraîner par tout ce qui se présentait en chemin. Alors, quand une de nos abonnés Facebook de la banlieue d'Atlanta nous a invités à déjeuner avec elle dans son Bed & Breakfast, nous avons dit oui.

Toren a tout de suite adoré ma mère. Quand nous lui avons dit qu'elle allait avoir quatre-vingt-onze ans le 31 mars, elle nous a invités à séjourner avec elle et son fils Aidan pour les fêter dans le centre de la commune de Marietta. Toren voulait faire de cette journée un moment inoubliable pour Miss Norma, et elle était déterminée à rameuter toute la communauté.

Ramie et moi n'avions rien prévu de particulier pour l'anniversaire de ma mère. Au mieux, nous espérions nous débrouiller pour ne pas le fêter sur un parking. Nous lui avions demandé ce qu'elle pensait de la proposition de Toren.

— Oui, pourquoi pas ? a-t-elle répondu avec un soupçon d'hésitation.

Le camping-car avait besoin d'une petite révision, alors nous sommes arrivés un jour en avance et nous l'avons laissé chez un garagiste. Chacun avec son petit sac rempli de vêtements et d'accessoires de toilette, nous avons pris la Jeep jusqu'à la maison de Toren, où nous allions passer les cinq jours suivants. Ma mère avait accepté cet arrangement, mais elle semblait gênée quand nous sommes arrivés. Alors qu'elle hésitait à utiliser la douche de la chambre d'amis, je lui ai demandé quel était le problème.

— Je n'ai jamais utilisé la douche de quelqu'un d'autre, a-t-elle admis, légèrement embarrassée.

C'est vrai que mes parents n'avaient que rarement voyagé durant leur mariage. Ils n'avaient certainement jamais passé la nuit chez des inconnus.

Le lendemain matin, nous avons garé la Jeep dans un parking à quelques rues du centre de Marietta. Quelqu'un devait nous y attendre. Et en effet, il y avait là une Chevrolet 1955 rouge et blanche avec, accrochée au rétroviseur, une paire de dés en peluche. De la fumée bleue sortait du pot d'échappement ; le vieux moteur brûlait un peu d'huile.

— Ce doit être notre chauffeur, ai-je dit à mes passagères.

Avec une révérence, Lenny a ouvert la portière arrière de la Chevrolet et aidé ma mère à s'installer sur la banquette. Toren avait placé un diadème sur sa tête, il s'agissait de ne pas le faire tomber en frôlant le ciel de toit en velours rouge vif. Le temps de refermer la portière, la voiture avait calé. Après avoir plusieurs fois écrasé l'accélérateur en tournant la clé dans le contact, Lenny a été récompensé par un boum et quelques petits nuages de fumée. Quand nous avons enfin démarré, nous avons été propulsés en avant pour caler de nouveau au milieu d'une intersection à seulement une rue de notre destination, Marietta Square.

— On lui propose de pousser ? ai-je chuchoté à Ramie. Après le virage, ça descend jusqu'au square.

L'idée ne déplaisait pas à Ramie, mais la voiture est finalement repartie très vite. Dès la sortie du dernier virage, nous avons aperçu l'agitation qui régnait devant le Marietta Local, le restaurant populaire qui allait nous accueillir. Une voiture de police et un camion de pompier étaient garés devant ; le personnel tout de bleu vêtu nous attendait sur le trottoir au milieu d'une foule bienveillante ; des bouquets de ballons violets, roses et verts se déversaient dans la rue ; deux pom-pom girls des Hawks, l'équipe de basket d'Atlanta, agitaient leurs pompons devant l'entrée ; et un groupe de journalistes brandissaient leurs caméras, leurs micros et leur bloc-notes.

— Dans quoi nous sommes-nous mis ? ai-je murmuré.

Nous assistions à un spectacle auquel je ne m'attendais pas, et je craignais que cette célébration ne fût disproportionnée. Nous avions à peine sorti ma mère de la voiture que la foule nous assaillait déjà. Tout ce que Ramie et moi pouvions faire était nous mettre en retrait et espérer que ma mère supporterait toute cette attention. En fin de compte, elle nous a surpris par son aisance.

C'était pourtant toujours la femme humble et discrète que nous connaissions, celle qui ne s'imposait jamais. Mon père et elle avaient l'habitude de fêter leurs anniversaires en allant dîner tôt dans un restaurant franchisé à Alpena, à quarante kilomètres de chez eux. Ramie et moi les appelions pour chanter « Joyeux anniversaire » et leur demander ce qu'ils avaient commandé cette fois. Les anniversaires n'avaient jamais été une grande affaire dans la famille. Mon père disait : « Ce n'est jamais qu'un an de plus, c'est tout. » Ma mère préparait un gâteau pour ma sœur et moi, mais nous n'organisions jamais de fête classique avec d'autres enfants comme nos camarades.

Parce qu'elle avait toujours refusé l'attention et les éloges, ma mère a beaucoup plus souvent donné que reçu de l'amour et de la sollicitude. Elle avait réussi à vivre jusqu'à son quatre-vingt-onzième anniversaire en choisissant de passer ses derniers jours, aussi courts fussent-ils, à vivre une histoire qu'elle avait voulue, et on aurait dit que la ville entière de Marietta refusait de la laisser partir sans célébrer son existence. Des gens de tous âges demandaient à se faire prendre en photo avec elle. Ils voulaient lui souhaiter un joyeux anniversaire ou même seulement s'approcher d'elle.

À quelques dizaines de centimètres, presque sur la chaussée, je discutais avec Jim, le propriétaire du restaurant.

— Il paraît que vous aimez cuisiner, Tim, m'a-t-il dit au milieu de cette effervescence. J'ai prévu quelque chose de très spécial pour vous ce matin. Ça vous dirait de préparer notre spécialité pour le petit déjeuner d'anniversaire de votre maman ?

Comment refuser une telle offre ?

Jim m'a fait revêtir une veste et un tablier, et m'a présenté Briton, son chef, qui m'a emmené en cuisine pour préparer un plat typique du sud des États-Unis : du pain perdu au poulet frit épicé. En suivant son exemple, j'ai enfilé des gants en latex et trempé la brioche moelleuse dans les œufs battus. Après avoir mis le pain à griller sur la plancha, j'ai trempé les blancs de poulet dans la pâte à frire, puis je les ai plongés dans la friteuse jusqu'à ce qu'ils prennent une couleur brun-doré. Quand le tout a été prêt, j'ai dressé les assiettes en ajoutant de la compote de pomme chaude sur le pain perdu avant de saupoudrer de sucre glace. Je me suis dépêché d'aller servir ma mère en salle. Mon appréhension devant le nombre de convives s'était transformée en peur de passer à côté des réjouissances. Je voulais me joindre à la liesse.

La fête battait maintenant son plein, et c'était enfin le moment pour moi de m'imprégner de l'atmosphère. Devant le grand mur en brique du restaurant, on avait écrit « Norma a 91 ans » avec de gros ballons-lettres. Chaque table était ornée de bouquets et de décorations. Plusieurs mini-montgolfières avec leurs nacelles et leurs passagers flottaient dans la pièce, un clin d'œil au vol que nous avions effectué deux mois auparavant. Deux musiciens jouaient de la country bluegrass au banjo et à la guitare dans un coin, créant l'ambiance musicale parfaite pour ce moment. Le restaurant débordait de convives qui s'acheminaient tous jusqu'au bar à biscuits que Jim et Sophia, sa femme, avaient installé ce matin-là. L'ambiance était incroyablement festive.

On venait de prendre une photo de ma mère avec les deux pom-pom girls qui fondaient devant elle. Les filles lui ont offert un sac cadeau rempli d'objets au logo de la NBA, et un maillot du basketteur Mike Muscala, le numéro 31, en l'honneur du jour de sa naissance. Il y avait aussi trois billets pour voir les Hawks jouer contre les Cavaliers de Cleveland le lendemain soir. C'était étourdissant.

— Regarde un peu ça, Timmy, a dit ma mère en s'asseyant pour déguster le petit déjeuner que je lui avais préparé.

Elle avait au poignet un beau bracelet en argent orné de breloques qui racontaient son périple jusqu'alors : une montgolfière, l'État de Georgie, un coquillage et le nombre 91.

— Un bijoutier du quartier me l'a offert, a-t-elle précisé.

Beaucoup de commerçants avaient donné un objet voire des paniers cadeaux. Le tout formait une pile à côté d'elle sur la table. Ma mère n'avait jamais reçu autant de présents à la fois.

Le moment de servir le gâteau était enfin arrivé. Jim avait créé une nouvelle spécialité locale : un biscuit géant de la taille d'une roue qu'il avait posé sur un présentoir à gâteau et piqué de bougies d'anniversaire.

— Désolé, il n'y avait pas assez de place pour quatre-vingt-onze bougies, a-t-il déploré tout en riant.

Leur nombre était tout de même impressionnant pour les petits poumons de ma mère, mais elle n'avait pas à s'en faire, car trois pompiers de Marietta se sont empressés de venir lui prêter main forte.

— Quel vœu allez-vous faire, Miss Norma ? a crié quelqu'un.

Ma mère a réfléchi quelques instants avant de répondre :

— Vivre jusqu'à quatre-vingt-douze ans.

*

Les festivités se sont poursuivies le lendemain à Atlanta. Les Hawks nous ont contactés pour savoir dans quel hôtel nous étions descendus.

— C'est pour vous envoyer une limousine qui vous emmènera voir le match, nous a-t-on expliqué.

Quand nous leur avons dit que nous séjournions à Marietta chez une femme que nous avions connue sur Facebook, ils nous ont fait comprendre qu'ils avaient d'autres projets pour nous.

— Nous vous invitons à l'Omni Atlanta Hotel, nous a-t-on annoncé. Vous n'aurez pas à sortir pour emmener Miss Norma voir le match.

Nous ne savions pas ce que cela signifiait, mais nous étions heureux d'accepter. Encore un hôtel, quel luxe ! Nous avions une journée chargée en perspective. Non seulement nous allions voir un match de basket le soir, mais nous avions également accepté une invitation pour visiter l'Aquarium de Georgie, l'un des plus grands du monde.

En poussant ma mère entre les piliers de marbre du luxueux lobby de l'hôtel, je me sentais un peu mal à l'aise. Nous voyagions en camping-car et nous n'avions pas vraiment besoin de bagages dignes de ce nom. Sur les poignées du fauteuil roulant, nous avions accroché des sacs de plage contenant nos affaires. Ramie nous suivait de près avec les manteaux, un sac et la sacoche de son appareil photo.

— On dirait les allumés de Beverly Hills, m'a dit ma mère qui faisait référence à la série des années 1960 que je regardais quand j'étais petit.

Leslie, la gérante de l'hôtel, nous a repérés avant que nous ayons pu nous retirer dans nos chambres.

— Bienvenue et joyeux anniversaire, Miss Norma ! a-t-elle dit avec son accent du Sud et son franc sourire.

Les flashs se sont mis à crépiter tandis que le personnel d'accueil couronnait ma mère d'un nouveau diadème et lui enfilait une écharpe sur laquelle était écrit « joyeux anniversaire ».

On nous a conduits jusqu'à nos chambres contiguës au dixième étage. Nos balcons donnaient sur la cour du CNN Center. Côte à côte, ma mère et moi avons observé les gens qui empruntaient l'escalator débouchant huit étages plus haut, devant un globe terrestre géant, le point de départ de la visite des studios de la chaîne d'information. J'ai pointé du doigt les fenêtres derrière lesquelles on voyait travailler les journalistes, certains présentaient même en direct.

— Tu crois qu'Anderson Cooper peut nous voir ? a demandé ma mère quand elle s'est rendu compte que le fils de Gloria Vanderbilt pouvait se trouver parmi eux.

Nous n'avons eu guère le temps de profiter de la vue. On a frappé à la porte. Le service d'étage nous livrait un gâteau au chocolat et un seau de glace rempli de bières, compliments de l'hôtel. Quelques temps auparavant, Ramie avait publié une photo de ma mère devant quatre parts de gâteaux différents, et une autre sur laquelle elle faisait la grimace, une bière à la main. Nous avions lancé la tendance : partout où nous allions, nous croulions sous les gâteaux et les bouteilles de bière. Nous en étions à notre troisième pâtisserie depuis la fête de Marietta la veille. C'était délicieux et très généreux, mais nous avions eu notre dose de sucreries.

— Pourquoi je n'ai pas dit que j'aimais le fromage et les biscuits salés ? a plaisanté ma mère tandis que nous tâtions notre tour de taille.

La limousine de l'hôtel nous a déposés devant l'entrée de l'aquarium juste à temps pour notre rendez-vous de 13 heures. Ramie et moi avions particulièrement hâte de faire découvrir à ma mère l'installation Ocean Voyager et ses quatre requins-baleines, les seuls en captivité hors du continent asiatique. Nous avions déjà parlé à ma mère des requins de la baie de Basse-Californie où nous espérions l'emmener, et nous voulions lui montrer à quoi ressemblaient les plus gros poissons du monde.

Le personnel nous a souhaité la bienvenue, et nous a fait entrer par l'accès principal où il y avait foule. On a demandé de laisser passer le fauteuil roulant, et la masse de visiteurs s'est fendue comme la mer Rouge. Nous n'avons pas eu à jouer des coudes trop longtemps, car on nous a fait emprunter un couloir qui se trouvait derrière une porte fermée à clé.

— Nous avons prévu des choses extraordinaires pour vous aujourd'hui, Miss Norma.

Megan, la responsable des relations publiques de l'aquarium, était notre guide.

— Entrons d'abord ici pour rencontrer Diego.

Nous avons très vite découvert qu'il s'agissait de l'otarie vedette de l'aquarium. Il était en pleine séance de relaxation dans son sanctuaire. La pièce longue et étroite renfermait un grand bassin dont le fond était parsemé de rochers artificiels. La paroi en Plexiglas faisait bien 10 centimètres d'épaisseur et environ 1,20 mètre de hauteur, mais il était assez bas pour que Diego vînt s'appuyer sur le rebord, position dans laquelle nous l'avons trouvé en entrant.

Ma mère ne se doutait pas qu'elle allait passer les vingt minutes suivantes avec une des plus adorables créatures rencontrées dans son voyage. Elle était invitée à le toucher pour sentir la différence de texture entre sa peau et sa fourrure. Diego et elle se sont tiré la langue, ils ont posé pour des photos et se sont fait un petit bisou en guise d'au revoir.

— Cette otarie avait vraiment mauvaise haleine, a murmuré ma mère à mon oreille quand nous passions la porte.

Nos guides nous ont emmenés dans un dédale de couloirs et expliqué le fonctionnement de cet établissement de 300 millions de dollars. Nous avons visité un laboratoire et un hôpital vétérinaire de pointe équipé pour soigner les requins-baleines. Et pour nourrir les dizaines de milliers de poissons et d'animaux, il y avait la cuisine spécialement conçue pour répondre à des critères encore plus drastiques que les cuisines traditionnelles.

Nous avons ensuite quitté le couloir pour entrer dans ce qui semblait être une salle de bal. En en découvrant le contenu, ma mère est restée ébahie. Devant nous se dressait un mur en Plexiglas de 3 mètres de haut sur toute la longueur de la pièce. Il nous séparait de l'arrière de l'installation Ocean Voyager. Le directeur de l'exploitation de l'aquarium, Joe, et quelques membres du personnel y attendaient ma mère pour lui offrir une petite fête. Il y avait encore des gâteaux et de la bière – cette fois, le gâteau avait pour thème le requin-baleine, et il y avait tout un assortiment de bouteilles – que nous avons dégustés, hypnotisés par les splendeurs aquatiques qui nageaient devant nous.

Une fois bien rassasiés, il nous fallait conclure notre visite afin de rentrer à l'hôtel à temps pour voir le match. Mais en partant, nous n'avons pas pu nous empêcher d'aller voir les quatre belugas de l'aquarium. Ma mère a dû se couvrir les oreilles quand les adorables créatures se sont mises à émettre des cris stridents par leur fosse nasale située à côté de leur évent.

*

Le match était un événement. LeBron James, la star des Cavaliers, jouait à guichet fermé comme toujours.

Ce soir-là, nul autre supporter des Hawks n'était plus passionné et plus élégant que ma mère. Elle portait une chemise vert pomme qui mettait en valeur le maillot rouge et vert qu'elle portait par-dessus. Avec sa casquette trop grande et légèrement de travers, on aurait dit qu'elle sortait tout droit d'un clip de hip-hop. Sur ses genoux, elle avait une crécelle et une main géante en mousse sur laquelle était marqué « Allez les Hawks ». Tandis que nous attendions notre hôte, de nombreux fans de basket sont venus prendre des selfies avec ma mère. Nous ne comprenions pas ce soudain intérêt jusqu'à ce que quelqu'un nous ait dit que l'équipe avait annoncé notre venue sur les réseaux sociaux.

Une porte près de l'entrée principale s'est ouverte, et les deux pom-pom girls présentes la veille à Marietta sont venues distraire les fans qui faisaient la queue. Quand elles nous ont aperçus, elles ont immédiatement accouru vers nous et se sont accroupies pour parler à ma mère dans son fauteuil.

— Vous êtes super belle ce soir, Miss Norma, ont-elles dit en me tendant leur téléphone pour les photos.

Beaucoup des gens qui faisaient la queue se demandaient ce que cette vieille dame pouvait bien avoir de si fascinant.

Quand la porte s'est de nouveau ouverte, Margo, la coordinatrice responsabilité sociétale des Hawks, nous a fait signe d'entrer.

— Nous sommes très heureux que vous soyez là pour le match, nous a-t-elle dit joyeusement en nous faisant passer la sécurité. Nous avons plusieurs surprises pour vous ce soir.

Ma mère n'avait jamais été dans une salle omnisport moderne, et même Ramie et moi étions plutôt impressionnés par les dimensions de la Philips Arena.

— Regardez un peu ça, a murmuré ma mère.

Elle était en extase tandis que je la poussais à travers la foule massée à l'extérieur.

Nous avons suivi Margo et son assistante jusqu'au niveau supérieur où se trouvait une rangée de larges fauteuils individuels.

— Ça va être super, ai-je dit à ma mère devant notre vue parfaite sur le terrain en dessous de nous.

Mais nous ne sommes pas restés longtemps à attendre. Peu après, on nous a fait redescendre sur le terrain en passant par le tunnel d'accès. Dominique Wilkins, un des meilleurs joueurs de tous les temps, était venu signer des autographes. L'ancienne star des Hawks, célèbre pour ses *dunks*, nous dominait tous du haut de ses deux mètres tandis que nous posions avec lui. On nous a ensuite invités à prendre place dans les premiers rangs, étonnamment confortables comparés à ceux d'autres salles.

Quand il en a eu fini avec les fans, Dominique est venu s'asseoir à côté de ma mère. Après lui avoir fait une grosse bise sur la joue, il a mis son bras autour d'elle. De leur conversation, je ne pouvais entendre que les éclats de rire de ma mère. Elle semblait être sous le charme de ce grand homme en costume chaussant du 49.

L'entraîneur des Hawks est venu nous voir.

— Il paraît que Miss Norma sera mon co-capitaine pour le match de ce soir. Vous et votre femme allez devoir l'accompagner jusqu'au centre du terrain.

Après avoir aidé ma mère à se lever de son fauteuil, Ramie et moi lui avons chacun pris un bras pour la conduire sur le parquet et participer à la réunion entre arbitres et capitaines des deux équipes.

— Je n'en reviens pas, m'a dit ma mère.

Près de vingt mille spectateurs nous regardaient. Ayant hâte de regagner nos places pour regarder l'action, nous avons suivi nos guides dans le tunnel.

— Miss Norma, Miss Norma, attendez ! J'aimerais vous parler.

Dans la foule, nous avons aperçu un jeune homme d'une vingtaine d'années s'élancer dans notre direction. Il nous a vite rattrapés.

— Je m'appelle Oliver. Mon père est le propriétaire de l'équipe.

D'après l'expression sur le visage de nos guides, c'était bien le fils de l'homme qui avait récemment acheté les Hawks.

— Je veux juste vous remercier d'avoir été une telle inspiration pour ma famille, a-t-il continué. Après avoir lu votre histoire, nous avons pris nos premières vacances ensemble. C'était génial.

Il s'est penché pour prendre ma mère dans ses bras.

Elle a souri. Je savais qu'elle éprouvait déjà quelques difficultés à appréhender son influence sur des gens du monde entier, venant de tous les horizons. Et maintenant, elle avait inspiré un milliardaire et sa femme, une actrice, qui avaient enfin emmené leurs enfants en vacances. Même Ramie et moi n'en revenions pas que son histoire pût avoir autant d'impact.

Nous sommes retournés nous asseoir pendant que les lumières laser illuminaient les membres de l'équipe des Hawks qui faisaient leur entrée. Les Cavaliers étaient favoris. Vers la moitié du match, ils menaient 41 à 28.

Lors d'un temps-mort juste avant la mi-temps, le visage de ma mère est soudain apparu sur l'écran géant qui occupait l'espace au-dessus du centre du terrain. J'ai su que quelque chose allait se passer quand toutes les pom-pom girls des Hawks ont fait irruption autour de son fauteuil roulant. Quelques minutes plus tard, un caméraman est arrivé, et ma mère s'est mise à agiter des pompons avec ces jeunes femmes qui avaient soixante-dix ans de moins qu'elle.

Les Hawks ont remonté le score dans la deuxième mi-temps jusqu'à égaliser grâce à un panier à trois points au coup de sifflet. Ils ont pu jouer les prolongations. L'heure d'aller se coucher était passée depuis longtemps, mais ma mère avait toujours les yeux grands ouverts, et elle n'avait de cesse d'encourager ses joueurs et d'agiter sa serviette rouge chaque fois qu'ils marquaient. Ramie et moi avons échangé un regard, impressionnés par son endurance.

Notre équipe a perdu ce soir-là, mais de très peu. Nous avons poussé ma mère dans la foule jusqu'à l'hôtel avec encore un autre gâteau que les Hawks nous avaient offert pendant le match. À l'unanimité, nous avons décrété que jamais nous n'avions eu d'anniversaire aussi palpitant que celui-ci, et que jamais nous n'avions mangé autant de gâteaux.

CHAPITRE 12

S'engager

Newport News, Virginie
Avril

TIM

Avec nos six années de différence d'âge, Stacy et moi ne faisions pas grand-chose ensemble. À une exception près : nous adorions jouer à ce que nous appelions tout simplement « Espion ! ». Grâce au kit d'agent secret que j'avais reçu en échange de points découpés sur des boîtes de céréales, nous pouvions voir sans être vus avec notre périscope et nous installions des fils piège dans les couloirs pour nous alerter de l'arrivée imminente de nos parents. À la fin des années 1960, l'espionnage de mon père, de ma mère et même du chien avait été notre jeu préféré du week-end. Quand Stacy est devenue un agent de haut rang des Services secrets américains, je la taquinais en lui rappelant qu'elle devait son succès à nos facéties de gamins.

Au début de sa carrière, Stacy a eu pour mission de protéger l'ancien président des États-Unis, Gerald

Ford. Par la suite, elle s'est mise à raconter une histoire que mes parents m'avaient répétée toute ma vie avant elle. Elle s'est présentée au président « accidentel », promu après la démission de Richard Nixon, dans sa limousine blindée :

— Monsieur le président, a-t-elle commencé avec assurance. Je suis l'agent spécial Bauerschmidt. Vous ne vous en souvenez peut-être pas, mais vous avez aidé mes parents il y a très longtemps, après la Seconde Guerre mondiale.

Lui-même ancien combattant, Ford a dit tout haut :

— Bauerschmidt, Bauerschmidt…

Il a regardé un moment par la vitre de la limousine, et, stoïquement :

— Je me souviens de vos parents.

Il a ensuite raconté l'histoire que Stacy et moi avions déjà entendue de nombreuses fois.

C'était en 1949. Mes parents avaient quitté l'armée, ils venaient de se marier et habitaient une caravane de quatre mètres cinquante de long sans toilettes. Les anciens combattants avaient droit à une bourse d'étude, la *G.I. Bill*. Ma mère voulait étudier les arts plastiques et mon père l'horlogerie, alors ils avaient décidé de quitter temporairement leur ville d'origine de Toledo pour s'installer à Grand Rapids dans le Michigan. Ma mère allait étudier au Kendall College of Art and Design.

Avec leur Ford 1940 bleue, ils ont remorqué la caravane jusqu'à un motel et commencé leurs études. Malheureusement, l'argent est venu à manquer, car leurs allocations n'avaient pas suivi le déménagement. Assis à la toute petite table à abattants de leur caravane, ils ont vidé leurs poches. Il leur restait en tout et pour tout trois centimes.

— On ne pourra même pas acheter du pain avec ça, a dit ma mère. Il faut faire quelque chose. Mais quoi ?

C'est là qu'elle a eu une idée. Sortant son plus beau papier à lettre, elle a expliqué sa situation par écrit à Gerald Ford, le jeune député du 5e district du Michigan, élu seulement quelques mois auparavant. Pendant sa campagne de 1948, Ford était allé voir les électeurs sur le perron de leur maison et à la sortie des usines. Il était connu pour les liens étroits qu'il entretenait avec sa circonscription.

Mon père n'avait pas grand espoir, mais n'ayant pas de meilleure idée, il a murmuré en postant la lettre :

— On va voir si ce gars est aussi formidable qu'on le dit.

Le timbre leur avait coûté leurs trois derniers centimes.

Environ dix jours plus tard, quelqu'un a frappé à la porte.

— Oui ? a dit ma mère en ouvrant.

Devant elle se tenait Ford, venu lui remettre les chèques en personne. Ils allaient désormais pouvoir vivre la vie dont ils rêvaient.

En service, Stacy ne pouvait pas se permettre de se laisser impressionner. C'était inconcevable. Mais le jour où le président Ford lui a répété l'histoire qu'elle avait entendue tant de fois de la bouche de nos parents, elle est devenue l'une de ses plus fidèles admiratrices. Avec le temps, sa relation avec la famille Ford s'est renforcée, et quand, en 2006, la vie de l'ancien président touchait à sa fin, Stacy est restée aux côtés de son clan, prenant part aux décisions. Une de ses responsabilités en tant que membre des Services secrets était d'organiser les obsèques nationales. Elle a ainsi eu l'honneur d'offrir un dernier merci à cet homme qui avait été si important aux yeux de nos parents.

*

Mon père et ma mère ressemblaient à beaucoup d'autres jeunes gens de leur génération qui avaient servi sous les drapeaux : ils avaient rempli leur devoir mais, de retour chez eux, ils n'avaient pas l'impression d'en avoir tant fait. Au sein de l'Air Corps, mon père s'était occupé de « paperasserie » ; c'est ce qu'il disait. En tant qu'infirmière des WAVES, à l'hôpital militaire de San Diego, ma mère s'était surtout occupée d'officiers et de leurs épouses ; elle avait administré des centaines de piqûres de pénicilline. Comme ils n'avaient pas connu le front où tant de leurs pairs avaient été envoyés, ils ont tous deux minimisé leur rôle. La plupart de ceux qui ont connu mes parents, même leurs amis les plus proches, n'ont jamais su qu'ils avaient participé à l'effort de guerre.

— On n'a jamais eu l'occasion d'en parler, disait ma mère.

En novembre, notre passage à La Nouvelle-Orléans, entre le Nouveau-Mexique et la Floride, avait tout changé. La plus grande ville de Louisiane, surnommée le « Big Easy », est non seulement synonyme de fête de mardi gras, de cuisine exceptionnelle et de musique entraînante, mais c'est aussi là que se trouve le musée national de la Seconde Guerre mondiale. Nous avions entendu beaucoup de bonnes choses à son sujet, et ma mère se faisait une joie de le visiter. Le jour de notre venue, il y avait très peu de monde. La jeune femme de la billetterie avait demandé à ma mère si elle avait participé à la Seconde Guerre mondiale.

— Oui, on peut dire ça, avait-elle répondu timidement.

— Eh bien, c'est gratuit pour vous alors !

Ma mère s'était redressée dans son fauteuil pour recevoir son billet d'entrée avec fierté et gratitude. On lui avait ensuite donné un passe rouge, blanc et bleu plastifié au bout d'une lanière, indiquant qu'elle était une ancienne combattante.

Le personnel était ravi de voir une membre des WAVES.

— C'est vraiment rare, nous avaient-ils dit.

La nouvelle s'était répandue dans le musée, et au fil de la visite, nous entendions des voix enthousiastes.

— Tu vois cette dame là-bas dans le fauteuil roulant ? Elle était dans les WAVES ! Je n'y crois pas !

— Quel honneur ! On n'en voit jamais ici.

Le musée est conçu pour donner au visiteur une idée de ce qu'ont vécu des gens comme ma mère, mon père, mon oncle Ralph et seize millions de jeunes Américains quand ils sont partis à la guerre. Après avoir reçu chacun des plaques d'identité factices, nous étions montés à bord d'un wagon statique sur les fenêtres duquel étaient projetés des films d'époque simulant un transport de troupe dans un camp d'entraînement. Les souvenirs affluaient. Ma mère s'était rappelé ses quelques mois de formation au Hunter College de New York avant son départ pour San Diego. C'était presque comme si elle revivait l'expérience sous nos yeux.

Toute sa vie, ma mère avait fait peu de cas de son service à la nation, mais ce jour-là, elle était honorée. C'était un vrai bonheur. En voyant notre publication Facebook à propos de cet épisode, plusieurs personnes avaient écrit pour témoigner leur reconnaissance.

L'un de ces messages venait d'une ancienne élève d'un collège où Ramie avait été conseillère d'orientation. À vingt ans, Elise était désormais second maître dans la Navy. Ramie se souvenait d'une adolescente brillante, attentive et mature. La jeune militaire remerciait ma mère d'avoir ouvert la voie pour que des jeunes filles comme elle aient l'opportunité de servir leur pays.

« Si vos voyages vous emmènent jusqu'à la côte Est, faites-le-moi savoir. Nous pourrions peut-être organiser quelque chose pour Miss Norma sur le porte-avions USS *Gerald R. Ford.* »

Quand Ramie avait lu le message tout haut, les sourcils de ma mère avaient presque disparu sous ses cheveux. Nous ne pouvions pas passer à côté de cette invitation. En outre, Elise ne connaissait pas notre lien avec le président Ford ; elle allait sûrement beaucoup apprécier notre histoire. Ramie lui a envoyé une version abrégée du récit, mais nous ignorions alors ce que nous allions faire après notre hiver en Floride. Nous avons juste remercié Elise pour sa gentillesse et dit que nous la tiendrions au courant.

Peu de temps après, nous avons été contactés par l'officier chargé des relations publiques du porte-avions, par le coordinateur marketing du chantier naval et par le commandant lui-même. Tous espéraient nous avoir à bord de l'USS *Gerald R. Ford* pour son inauguration officielle en avril.

— Ce serait vraiment formidable, a dit ma mère.

Ramie et moi avons donc commencé à nous organiser pour être à Newport News, en Virginie, au moment de l'événement.

En apprenant la bonne nouvelle, Elise nous avait répondu que tout le monde était très heureux de nous accueillir. Dans son e-mail, elle écrivait : « Nous avons juste besoin de photocopies de vos passeports ou de vos actes de naissance pour la sécurité. Une fois les autorisations délivrées, vous pourrez venir sans problème. »

Je tombais de haut. En quittant le Michigan, Ramie et moi n'avions jamais imaginé sortir du pays avec ma mère. Son passeport en fin de validité y était resté, enfermé dans un coffre à la banque, et nous n'avions aucun moyen de le récupérer. Quelle déception !

Après avoir relayé la mauvaise nouvelle, il nous avait fallu plusieurs semaines pour recevoir une réponse d'Elise et des autres. Ce problème de sécurité était un obstacle insurmontable. Mais la solution s'était présentée : les Services secrets avaient enquêté sur toute la famille Bauerschmidt quand Stacy les avait rejoints ; il devait bien figurer quelque part que ma mère était une citoyenne modèle. Nous avions informé la Navy et le chantier naval de Newport News qu'il leur suffisait de contacter les Services secrets qui leur confirmeraient que Norma Bauerschmidt n'était pas la doyenne des espionnes.

Encore le silence radio. Nous n'avions pas reçu le feu vert à temps pour la cérémonie d'inauguration. Mais le téléphone avait sonné un matin quand nous étions en Caroline du Nord. C'était le commandant sortant du navire qui avait vraiment à cœur de faire participer ma mère à la cérémonie, en pensée au moins.

Elle était impressionnée, mais heureuse que le commandant Meier voulût parler avec elle, « la dernière des personnes qui pouvait bien l'intéresser », avait-elle dit. Elle s'était redressée à la table du coin repas quand Ramie lui avait passé le téléphone. Je l'avais écoutée raconter la fameuse histoire au capitaine.

— Gerald Ford était un homme intègre. Un homme de qualité, avait-elle conclu.

La rencontre improbable entre mes parents et le jeune député était au cœur du discours du commandant Meier une heure plus tard, à l'inauguration de la statue de Gerald Ford en jeune officier de la Navy. La statue était la pièce centrale d'un monument commémoratif situé sur le porte-avions le plus sophistiqué du monde, et elle servirait pendant de longues années à rappeler l'importance de l'« intégrité au gouvernail ».

Quelques semaines plus tard, nous avions enfin reçu l'autorisation d'embarquer. Aucune explication ne nous avait été donnée. Mais c'était l'évidence même : Stacy a toujours eu le don de rendre possible l'impossible.

*

Le jour de notre visite sur l'USS *Gerald R. Ford*, il faisait assez bon pour laisser nos manteaux à la maison. Nous avons veillé à quitter le camping de Suffolk assez tôt pour arriver au bureau du chantier naval avant notre visite prévue à 13 heures. En traversant le pont qui enjambait le fleuve James, au loin, nous avons aperçu plusieurs navires en construction ou en révision. L'un d'entre eux se démarquait par ses dimensions. Se dressant à 75 mètres au-dessus de l'eau et avec ses 335 mètres de long, le porte-avions de 13 milliards de dollars dominait l'horizon.

En arrivant au siège du constructeur naval Huntington Ingalls Industries, nous avons trouvé une place de parking près de l'entrée avec un panneau « Réservé pour Miss Norma ». J'ai patienté avec ma mère le temps que Ramie aille retrouver Christie, notre contact.

— On doit attendre ici que le responsable de la sécurité vienne nous chercher, a relayé Ramie. C'est lui qui va nous conduire jusqu'au chantier.

Une camionnette neutre est venue se garer derrière la Jeep, et un homme d'environ quarante-cinq ans portant des Ray-Ban en est sorti pour nous accueillir.

— Bonjour, je m'appelle Gerry. Je suis le chef de la sécurité du chantier. Je serai votre guide.

Pendant que Ramie et ma mère essayaient leur casque de chantier et leurs lunettes de sécurité obligatoires, Gerry nous a surpris avec une confidence très personnelle.

— Je connaissais votre sœur, m'a-t-il dit. J'ai travaillé avec elle pendant des années pour les Services secrets à Washington.

Je n'avais pas eu de contact avec les collègues de Stacy depuis sa mort. Ayant l'opportunité de parler à nouveau avec l'un d'eux, j'avais très envie de savoir s'il la connaissait bien.

— Stacy venait séjourner chez nous après mon arrivée ici. Il fallait toujours que je lui rappelle de faire attention aux gros mots quand les petits étaient dans les parages, a-t-il ajouté avec un petit rire.

Oui, il l'avait bien connue.

Une fois nos badges de sécurité épinglés, nous sommes montés dans la camionnette pour nous rendre sur le site historique à quelques minutes de là. Le chantier naval Chesapeake Dry Dock Company a été créé en 1886 pour devenir ensuite Newport News Shipbuilding. Plus de 800 navires militaires et commerciaux y ont été construits. De nos jours en sortent également des sous-marins nucléaires de classe Virginia.

Gerry nous a fait longer l'enceinte du chantier de 220 hectares jusqu'à l'un des nombreux portails d'accès. Il fallait arriver exactement au bon moment, car le complexe sécurisé était interdit aux véhicules lors des changements d'équipe en raison du grand nombre d'ouvriers se déplaçant à pied. Le garde armé a hoché la tête en inspectant nos badges, et nous sommes entrés. Nous sommes passés devant une kyrielle de vieux bâtiments industriels, slalomant entre les transpalettes chargés d'équipement, avant d'apercevoir le quai.

Sachant que ma mère se déplaçait difficilement, nos hôtes avaient adapté la visite. Normalement, les ouvriers, le personnel militaire et les autres montaient à bord du porte-avions à pied. Mais Gerry a roulé tout droit et emprunté une longue rampe menant directement à un hangar assez spacieux pour contenir 75 aéronefs.

Nous avons été accueillis par une horde d'appareils photo et de caméras, et nous avons timidement salué la foule. La Navy venait tout juste de prendre le commandement du porte-avions ; il y avait des ouvriers du civil et 1 000 des 4 660 membres d'équipage qui seraient plus tard à la manœuvre. Nous avons immédiatement reconnu le visage radieux d'Elise au milieu de cet océan d'uniformes. Après quelques civilités, Ramie a partagé une embrassade et une boîte de chocolats avec elle avant d'embarquer dans un véhicule tout terrain que l'on avait mis à notre disposition. Nous n'avons fait qu'une centaine de mètres avant de nous arrêter de nouveau.

— Bienvenue à bord de l'USS *Gerald R. Ford*, nous a dit un homme devant une partie de la cale dont nous étions séparés par un cordon.

Une grande statue de l'ancien président se dressait au-dessus de nous.

— Je suis le commandant McCormack.

Son uniforme semblait identique à celui des autres. Ma mère est descendue du véhicule et lui a serré la main, basculant la tête en arrière pour croiser son regard.

L'équipage féminin l'avait attendue afin de la remercier pour son engagement militaire et pour avoir ouvert la voie aux femmes dans la marine. Et comme elle avait été infirmière, le personnel médical du porte-avions, hommes et femmes, lui a rendu un hommage similaire.

Devant des centaines de matelots, le commandant McCormack a échangé le casque de chantier de ma mère contre une casquette d'apparat de commandant. Il a de nouveau évoqué devant l'assistance notre lien avec Gerald Ford, en soulignant l'intégrité dont il avait fait preuve après la guerre quand il a aidé mes parents.

— Trouvez-vous que c'est ressemblant ? a-t-il demandé en désignant la statue.

— Personne n'est assez vieux pour se souvenir de M. Ford si jeune, a dit ma mère en regardant par-dessus son épaule la représentation d'un jeune matelot bien bâti et avec tous ses cheveux.

Le commandant et moi avons échangé un sourire. En effet, la plupart d'entre nous avions en tête le sexagénaire dégarni qui était devenu le 38e président des États-Unis à la suite du scandale du Watergate en 1974.

Nous avons ensuite regagné notre véhicule.

— Nous voulons vous emmener sur le pont d'envol, a annoncé le commandant. On ne peut y aller qu'en prenant l'un des ascenseurs.

Nous nous sommes regardés sans bien comprendre. Nous nous imaginions des ascenseurs classiques, mais le capitaine parlait en réalité des trois ascenseurs de 26 mètres sur 16 qui servaient à acheminer les avions jusqu'au pont.

— Nous n'avons pas encore testé celui-ci, a-t-il continué. Ce sera une première pour nous tous.

Ma mère a levé les yeux au ciel et souri. Elle était plus que contente de participer à cet essai.

Beaucoup d'ouvriers et de matelots, tous désireux de voir l'ascenseur marcher pour la première fois, nous ont accompagnés. Un signal sonore a retenti très fort, la plateforme s'est mise à trembler et en quelques secondes, nous étions arrivés à destination. Sur le pont de deux hectares, notre chauffeur conduisait lentement pour que le commandant pût marcher confortablement à nos côtés et continuer la conversation. Il nous a expliqué qu'il restait encore beaucoup à faire avant que la Navy fût en mesure de prendre le contrôle total du bâtiment, mais que la plupart de la mécanique nécessaire au lancement des avions était opérationnelle. Nous avons vu comment fonctionnaient les déflecteurs de jet, ces grands panneaux sur vérin hydraulique qui se relèvent derrière l'appareil au décollage.

— Les hommes et les femmes qui font fonctionner ce porte-avions ont à peine vingt ans, nous a dit le commandant McCormack. Je suis fier quand je vois cette jeunesse compétente au sein de la Navy.

Visiblement, ma mère était aussi très fière. Elle avait fait partie de ces jeunes gens qui s'étaient engagés pour leur pays. J'ai compris l'importance pour elle de voir non seulement la nouvelle génération de porte-avions, mais aussi celle d'Américains prêts à défendre ce pour quoi elle s'était battue soixante-dix ans plus tôt.

On nous a ensuite montré des exemples de la technologie de pointe qui se trouvait à bord de l'USS *Gerald R. Ford*, dont les nouvelles catapultes. Autrefois à vapeur, ces dispositifs nouvelle génération fonctionnent aujourd'hui grâce à la force électromagnétique et sont capables de propulser un avion à plus de 320 km/h sur une distance de seulement cent mètres. Nous avons longé le parcours de la catapulte sur la piste jusqu'à la proue en imaginant un escadron s'envoler pour une mission.

— Nous pouvons effectuer 270 sorties par jour, nous a dit le commandant. On ne peut faire ça sur aucune autre classe de porte-avions.

Pour nous montrer comment fonctionnait le système, on nous a emmenés devant un écran de télévision installé sur le pont. Ma mère s'est dressée sur son fauteuil pour bien voir tandis qu'un ingénieur civil calait la vidéo. Il s'agissait d'un test de lancement en présence de la fille du président Ford, Susan, pendant l'inauguration officielle du porte-avions. Pour simuler un aéronef, on utilisait d'énormes « luges » ressemblant à des barges.

— Attention, c'est éclaboussant ! a dit ma mère en les voyant tomber dans l'eau, loin du navire.

Ces luges flottaient ensuite à la surface en attendant d'être hélitreuillées.

L'ancien pilote qu'était le commandant McCormack a répondu à toutes nos questions, nous racontant ses expériences d'appontage sur un bâtiment en mouvement. Il nous a montré les deux pylônes rétractables qui supportaient un immense filet censé « attraper » les avions n'ayant pas pu accrocher le brin d'arrêt.

— C'est comme se faire attraper par un gant de base-ball géant, a remarqué ma mère.

Nous avons tous acquiescé.

Notre visite si bien organisée touchait à sa fin quand nous avons été conduits jusqu'à « l'îlot », la grande structure qui s'élève à 45 mètres au-dessus du pont d'envol et sert de centre de commandement pour toutes les opérations du porte-avions.

— Et si on prenait quelques photos ? a suggéré le commandant.

Beaucoup de gens nous attendaient.

Ma mère s'est fièrement tenue debout avec chaque groupe qui venait poser en rang à côté d'elle. Nous sommes ensuite remontés dans la voiture pour prendre l'ascenseur. Nous étions soufflés par la vitesse à laquelle cette machine de 120 tonnes était capable de se déplacer.

Nous avons retrouvé le hangar où un groupe d'ouvriers, tous anciens combattants, attendaient en rang le retour de ma mère. Chacun leur tour, ils lui ont serré la main, en annonçant à quelle branche de l'armée ils avaient appartenu et pour combien de temps. Toutes ces années de services combinées se montaient à plus de deux cents. Ma mère était visiblement touchée par ce geste ; elle les regardait dans les yeux, leurs mains dans sa petite pogne.

Plus tard, quand nous avons regagné la camionnette, des membres du service de presse et des relations publiques de la Navy ont inondé ma mère de questions. Le travail avait repris dans le hangar, et il y avait tellement de bruit que je ne parvenais pas à entendre ni les questions ni les réponses.

Quand je me suis penché, j'ai juste compris ce que disait un matelot :

— Quelle a été votre destination préférée jusqu'à présent ?

J'éprouvais toujours un peu d'appréhension quand on l'interrogeait. Oui, j'avais constaté qu'elle passait très bien à la télévision et je savais qu'elle avait pris l'habitude d'être reconnue dans la rue, mais étant son fils, je ne pouvais pas m'empêcher de m'inquiéter pour elle. Parfois, les gens lui en demandaient beaucoup, et de mon point de vue, c'était une femme humble et réservée. Je continuais à sourire tout en retenant mon souffle ; j'attendais sa réponse.

Elle s'est redressée pour regarder le jeune homme dans les yeux. Elle a un peu froncé les sourcils en réfléchissant. Après avoir laissé échapper un petit « oh », elle a répondu :

— Je dois dire que c'est ici. Oui.

CHAPITRE 13

Goûter

De Winthrop, Massachusetts,
à Bar Harbor, Maine
Mai

TIM

J'ignore d'où cela me vient, mais j'ai toujours été fasciné par les aliments, leur préparation, leur aspect et leur goût. Je ne m'étais pas rendu compte à quel point j'étais jeune quand cela a commencé, jusqu'à ce que, pendant notre voyage, ma mère ne cessât de dire à qui voulait l'entendre que j'avais commencé à jouer à la dînette dès l'âge de deux ans. Apparemment, je déchirais de petits morceaux de papier que j'arrangeais ensuite sur une assiette en aluminium, présentant le tout comme le dîner.

Quand j'avais neuf ans, je regardais l'émission culinaire de Julia Child sur le petit téléviseur noir et blanc de mes parents. Cette grande dame avec sa voix haut perchée et sa passion pour le beurre me fascinait. Son émission, *The French Chef*, était l'un des premiers programmes de cuisine aux États-Unis ; elle a fait découvrir la cuisine française aux masses populaires américaines dans les années 1960, à l'époque où les plats surgelés régnaient sur les plateaux-télé. Quand mes cousins de Cleveland nous rendaient visite, ils pouvaient me réciter tous les scores des Indians, leur équipe de base-ball ; moi tout ce que je pouvais réciter, c'était les ingrédients d'une bonne omelette.

Ma mère n'était pas une grande cuisinière. (En revanche, elle faisait des gâteaux. Ses cookies au chocolat et ses tartes à la rhubarbe et aux fraises faisaient sensation.) Nous étions limités par notre budget et le manque d'intérêt de mon père pour autre chose que la viande et les pommes de terre. Les plats mijotés étaient très populaires dans les années 1960, nous en avons beaucoup mangé. Nous touchions le fond avec les nouilles au thon de ma mère ; le mélange de thon en boîte, de pâtes, de petits pois et de soupe « crème de champignon » me donne encore la nausée. Je suis tellement traumatisé que je ne supporte plus le thon en conserve. Pourtant, la nourriture nous rapprochait. J'étais toujours curieux de ce qu'elle préparait dans la cuisine – même si je n'étais pas très emballé par le résultat. Préparer à manger est une activité que nous avons partagée dès que j'ai pu monter sur un tabouret pour atteindre la cuisinière.

M'occuper des repas d'un couple de personnes âgées au début de mon adolescence m'a fait entrer dans l'univers du goût. J'ai pris en charge leurs travaux domestiques quand la femme, s'étant brisé la cheville, ne pouvait plus cuisiner. Grâce à leur palais sophistiqué, l'ail, l'oignon, l'agneau et les fruits de mer ont fait leur entrée dans mon quotidien. Ils m'emmenaient aussi de temps à autres au restaurant de leur country club. Au lycée, j'ai élargi mon horizon en fréquentant les restaurants chinois des environs, la cuisine la plus exotique qui nous était accessible à l'époque.

Mon intérêt pour la nourriture ne m'a jamais quitté. Même pendant les périodes de vaches maigres ou lors de mon incursion dans le végétarisme quand j'avais la vingtaine, j'ai toujours su improviser des petits plats, heureux de les partager avec d'autres. La plupart d'entre nous n'a qu'une ou deux façons de donner et de recevoir de l'amour. J'ai découvert très vite que la nourriture était le langage avec lequel je le communiquais. Peu de choses dans ma vie me donnent plus de satisfaction que préparer un plat pour d'autres, c'est une façon pour moi de montrer que je les aime comme s'ils faisaient partie de ma famille.

Ma mère vivant avec moi sur la route, j'étais heureux d'avoir la chance d'explorer cette forme de partage avec elle. Ramie et moi voulions la faire goûter à tout ce dont elle s'était privée en se limitant aux préférences de mon père, à cause d'un budget trop serré ou du manque de variété culinaire dans sa région. Avant d'embarquer dans notre aventure, nous avions décidé que nous nous efforcerions de goûter aux spécialités de chaque État.

Dans la péninsule supérieure du Michigan, nous avions goûté aux *pasties*, des tourtes à la viande introduites dans la région par des mineurs venus de Cornouailles au XIXe siècle. Tout ce qu'il y avait dans ces petits chaussons – bœuf, oignons, pomme de terre et rutabaga – avait plu à ma mère.

Il nous avait été facile de goûter la spécialité du Wisconsin. Nous avions acheté un sac de fromage frais caillé que nous avions joyeusement fait couiner sous nos dents pour le plus grand bonheur de ma mère.

Aucun de nous n'avait envie de se frotter au lutefisk (de la morue séchée trempée dans de la chaux et servie à température ambiante), alors nous avions choisi une autre spécialité du Minnesota : n'importe quoi pourvu que ce soit frit. Nous avions tous les trois goûté au sandwich aux macaronis au fromage frits qui avait provoqué quelques inquiétudes chez ma mère quant à sa silhouette.

Dans le Dakota du Sud, cela avait été plus difficile. Nous n'avions jamais entendu parler du chislic avant nos recherches et ne savions pas où en trouver.

— Partons à la recherche du chislic ! disions-nous pour taquiner ma mère.

Plat originaire du Caucase, le chislic est composé de viande rouge en cubes frite et salée (de l'agneau, du chevreuil ou tout autre gibier), souvent dégustée à l'aide d'un cure-dent. Nous avions opté pour les micro-brasseries de la région à la place.

Dans le Wyoming, cela n'avait pas été difficile de convaincre ma mère de goûter à son premier burger au bison.

— J'aime mieux ça qu'un hamburger normal, avait-elle déclaré après avoir essuyé son menton couvert de ketchup.

Notre aventure culinaire interétatique était tombée sur un os quand nous sommes arrivés au Colorado. Y ayant vécu longtemps, Ramie et moi en connaissions bien la spécialité : les huîtres des Rocheuses.

Mais le mot « huître » est trompeur : ce sont en fait des testicules de taureau frits. Je savais que même en parvenant à convaincre ma mère d'essayer, je ne pourrais pas en faire autant à cause de mon aversion pour les abats. En toute vraisemblance, l'aventure culinaire s'arrêterait là.

Mais je me suis rendu compte que j'allais passer à côté d'un rituel social et culturel. Il ne s'agissait pas seulement de faire découvrir des nouveaux plats à ma mère, mais de lui montrer l'importance de ce que nous mangions, du lieu où nous le mangions et de ceux avec qui nous partagions nos repas. Je me sens vivre surtout autour d'une table. Aucune autre créature sur terre ne consomme sa nourriture de cette façon : c'est un comportement exclusivement humain. M'attabler avec d'autres me rappelle toujours que nous faisons plus que nous nourrir, et c'est ce sentiment que je voulais partager avec ma mère. À partir de ce moment, notre quête de plats régionaux avait pris une autre dimension.

Nous avions goûté à d'autres spécialités comme le chili vert du Nouveau-Mexique, le gumbo de fruits de mer de Louisiane et les sandwichs au mérou de Floride, sans oublier la tarte au citron vert à la quête de laquelle nous nous étions lancés dans ce dernier État. Mais au printemps, sur la côte Est, nous avons fait plus que goûter des spécialités régionales, nous avons fait l'expérience d'une véritable camaraderie avec des gens et des communautés que nous ne connaissions pas. Moi-même, je ne m'attendais pas à la profondeur du lien engendré par le partage d'un repas avec des inconnus.

*

Il nous a été impossible de trouver un camping à Boston. Le plus proche se situait à Foxborough, à trente-cinq kilomètres du centre historique de la capitale du Massachusetts, et c'est là que nous avons séjourné après être remontés de Virginie. Ramie et moi avons retrouvé notre vieil ami Jeff et sa compagne, Maggie, au jardin de Boston Common. Nous avons poussé ma mère à tour de rôle sur les quatre kilomètres du *Freedom Trail*, un itinéraire touristique qui serpente dans le centre-ville et passe par seize lieux historiques de la guerre d'Indépendance américaine. Dans le quartier italien, nous avons tout fait pour trouver un authentique sandwich aux boulettes, et ma mère a refusé de quitter Hanover Street sans faire un tour du côté de la pâtisserie Mike's Pastry pour goûter ses fameux cannoli ; elle avait un faible pour les sucreries. Le reste du temps nous nous sommes détendus dans le camping-car, et ma mère s'est promenée avec son déambulateur entre deux séances de lecture.

Deux mois plus tôt, nous avions reçu le message d'un shérif adjoint de la banlieue de Boston. Beaucoup des amis du sergent Danny étaient abonnés à la page de Miss Norma, et ils désiraient tous nous inviter. On nous promettait une croisière privée dans le port de Boston suivie de la dégustation d'un homard et d'une bière, une invitation que ma mère ne pouvait pas refuser. Ayant gardé le contact avec le sergent, nous lui avons téléphoné à notre arrivée pour lui annoncer que nous étions à Foxborough et que nous serions heureux de passer le voir si l'offre tenait toujours.

— C'est formidable, Tim, a-t-il répondu. Que dites-vous de ce week-end ? On prévoit une météo superbe.

— Euh… Nous devons quitter le camping vendredi au plus tard, Danny.

Tout était complet pour le week-end.

— Il va falloir vous installer chez nous alors.

Après quelques recherches sur Internet, nous avons appris que le quartier de Danny se situait dans une banlieue côtière de Boston, à l'entrée nord du port, juste en face de l'aéroport international de Logan. Sur sa péninsule, Winthrop n'est accessible que par un isthme étroit à l'ouest ou par un pont qui part de Boston à l'est. C'est aussi une des municipalités les plus petites et les plus denses du Massachusetts.

— Ce sera difficile avec le camping-car, a remarqué Ramie en zoomant sur l'image satellite. C'est très étroit, et regarde tous ces arbres avec ces branches basses.

Je me suis penché par-dessus son épaule pour regarder l'écran ; elle avait raison. Je ne voyais qu'un seul emplacement assez spacieux pour notre camping-car. Mais j'étais prêt à relever le défi.

— Essayons toujours, Ramie. On va bien pouvoir le faire rentrer quelque part.

Après avoir traversé le pont jusqu'à Winthrop, nous avons constaté que nos inquiétudes n'avaient pas lieu d'être. Danny avait mobilisé tout son quartier avec la précision et la discrétion d'un chef de commando afin de préparer notre arrivée. Son ami Louie nous a laissé nous garer dans son allée – un endroit plat et dégagé où le véhicule rentrait sans difficulté. Nous nous sommes fournis en eau et en électricité chez sa voisine Janet.

— Ma porte vous est toujours ouverte, jour et nuit, nous a-t-elle dit. Vous êtes les bienvenus pour prendre une douche ou nous tenir compagnie.

Craignant que la nouvelle de notre arrivée ne fût relayée et qu'une frénésie médiatique ne se mît en branle, Danny n'avait annoncé l'identité de ses invités qu'à quelques personnes. Il avait enrôlé Sheryl, la femme de son ami Scotty, pour préparer notre premier dîner, mais il avait fait jurer son mari de garder le secret. Sheryl savait seulement que des invités de marque venaient ce soir-là et qu'elle devait préparer un de ses fameux festins à l'italienne.

Et quel festin ! Ma mère trônait au bout d'une grande table de douze autour de laquelle étaient assis bien plus de convives. Avec toute la nourriture qu'il y avait au milieu, il ne restait guère de place pour nos assiettes. Il y avait des manicotti farcis, d'énormes boulettes de viande, des pâtes, des filets de porc grillés, des crevettes et de nombreux légumes. Les plats étaient fréquemment réapprovisionnés devant nos yeux. Pour le dessert, on a apporté un énorme trifle. Une petite foule hétéroclite était venue partager ce repas : la famille, des amis, des voisins, un substitut du procureur de Boston et un des sénateurs du Massachusetts se sont tous joints à nous pour se régaler et discuter.

Le jour suivant, le ventre toujours plein, nous avons emprunté les rues de Winthrop jusqu'à la maison de bord de mer de Chuck et Nancy. Nous étions accompagnés par quelques-uns de nos nouveaux amis pour notre visite du port en bateau. Une fois arrivés, nous sommes entrés dans la résidence pour ressortir par la porte de derrière et emprunter une longue jetée à laquelle était amarré un yacht de quinze mètres baptisé *My Girls.* Notre hôte nous a souhaité la bienvenue comme il se doit, puis s'est excusé de devoir nous quitter pour aller travailler (il dirigeait une importante société de restauration à Boston). Avant de partir, il nous a présenté deux amis qu'il avait recrutés pour être notre personnel navigant : Gary, le propriétaire d'un magasin d'équipement nautique local, et Lou, capitaine de bateau. Lou travaillait pour les ferries de Winthrop. Nous étions entre de bonnes mains.

Faire monter ma mère jusqu'au poste de pilotage a demandé un vrai travail d'équipe. J'étais à sa droite, et Danny se tenait derrière elle tandis qu'elle montait les quatre marches du yacht. Quand il ne lui restait plus que deux marches, ses yeux étaient à hauteur de ceux de Scotty, posté à sa gauche.

C'était une belle journée ensoleillée. Nous avons discuté avec nos nouveaux amis sur le pont et profité de la vue. Trois heures plus tard, sur le chemin du retour, nous nous sommes arrêtés au bout d'une des pistes de l'aéroport. Les avions en descente vrombissaient à quelques mètres au-dessus du bateau avant d'atterrir. Nous avons tous fait signe aux passagers que l'on pouvait apercevoir à travers les hublots.

Le teint hâlé et la mine réjouie grâce aux événements des dernières vingt-quatre heures, nous sommes rentrés brièvement nous reposer dans le camping-car en attendant le moment de savourer notre homard. Danny nous a emmenés à Belle Isle Seafood, un restaurant très prisé dans la région. En arrivant, nous avons été accueillis par une petite foule, dont des enfants qui tenaient des panneaux « Bienvenue à Boston, Miss Norma ! ».

Jimmy, le propriétaire, avait préparé son plus gros crustacé pour ma mère. Avec l'aide de Danny, ils lui ont attaché un bavoir en plastique orné d'un homard autour du cou. Elle était aux anges. Les deux hommes se sont assis de chaque côté de ma mère pour l'aider à manger le plus gros homard que j'avais jamais vu ; ils ont cassé la carapace, extrait la chair et lui ont donné les morceaux à manger. Elle m'a regardé, souriante, les lèvres couvertes de beurre, et m'a simplement dit : « C'est bon ! »

Une fois le homard englouti, rassasiée et détendue, elle s'est mise à discuter avec des petites filles, alors Jimmy et moi avons engagé la conversation. Pendant presque une heure entière, nous avons parlé de nos mères, de la vie, de la mort et tout ce qu'il y a entre les deux – des choses très personnelles pour deux types qui venaient de se rencontrer.

— Je n'ai jamais parlé aussi longuement avec Jimmy depuis les dix ans que je le connais, m'a dit plus tard Danny.

Quand j'ai cherché Jimmy en partant, j'ai appris qu'il s'était retiré dans la cuisine les larmes aux yeux. J'ai demandé à son épouse, Stephanie, s'il pouvait venir dire au revoir, mais elle a secoué la tête.

— Il est trop ému, nous a-t-elle dit. Il ne peut pas.

Le lendemain, nous étions dimanche. Il était temps pour nous de continuer notre route vers le nord. Nous voulions éviter la dense circulation bostonienne du lundi. En sécurisant nos affaires dans le camping-car, j'ai repensé à tous ceux que nous avions rencontrés durant notre court séjour, mais je me remémorais surtout la nourriture, le festin italien, le homard. En plus de nous avoir fourni l'eau et l'électricité, Janet avait aussi préparé un buffet pour le petit déjeuner et le déjeuner. J'ai songé à la facilité avec laquelle j'avais parlé de mes sentiments les plus profonds à des personnes que je ne connaissais que depuis quelques heures, et à tout le bien qui était venu récompenser cette sincérité.

À notre départ, Janet s'est excusée pour aller faire des courses. Nous ignorions qu'elle se rendait en réalité au commissariat de Winthrop pour nous faire escorter par deux voitures de police qui sont arrivées peu après.

Une fois prêts, nous avons fait nos adieux. Ringo a enfoncé ses pattes dans le sol, réticent à quitter Lou, son nouvel ami, et à nous rejoindre dans le camping-car. Nous avons traversé les intersections au son des sirènes et aux feux des gyrophares et emprunté les rues étroites de Winthrop jusqu'aux limites de la ville où nous nous sommes arrêtés. Un agent est alors venu nous dire que là finissait leur juridiction et qu'ils étaient obligés de nous laisser. Je me suis penché à la vitre pour lui serrer la main.

— Merci pour ce que vous faites, a-t-il dit.

Il a un peu tardé à me laisser partir ; des larmes coulaient sur ses joues.

*

Depuis Winthrop, nous avons voyagé jusqu'au parc national d'Acadia, dans le Maine, notre destination la plus septentrionale sur la côte Atlantique. Le printemps se manifestait par touches discrètes ; les feuilles et les fleurs précoces commençaient à s'ouvrir timidement. Notre timing était parfait : les vacanciers n'arriveraient pas avant plusieurs semaines. Nous nous sommes promenés dans le parc du camping en bord de mer sur l'extrémité ouest de l'île des Monts-Déserts, profitant de la solitude que nous offraient les lieux après ce week-end trépidant auprès du sergent Danny et de ses amis.

Un matin, vers la fin de notre séjour sur l'île, un message nous est arrivé sur Facebook. Une certaine Lisa nous écrivait :

« L'année dernière, mon père a appris qu'il avait un cancer. J'ai lu *Nous sommes tous mortels*, et j'ai découvert votre voyage. Je suis convaincue que ce n'est pas un hasard. Je travaille pour l'association Friends of Acadia (notre bureau est à Bar Harbor), et je suis vos aventures avec plaisir depuis un moment déjà. J'aimerais vous rencontrer avant que vous ne repartiez. Il y a un super restaurant à pancakes sur Cottage street à Bar Harbor. Je peux y être à 8 heures. Auriez-vous le temps ? »

J'ai regardé ma montre. Il était trop tard pour retrouver Lisa. Nous avions déjà prévu une autre visite au parc d'Acadia ce jour-là, et notre itinéraire allait nous emmener jusqu'à la charmante petite ville de Bar Harbor.

— Cette femme a l'air sympa, ai-je dit à Ramie. Elle travaille pour une association de préservation de l'environnement. On devrait essayer de la retrouver aujourd'hui.

— Pourquoi n'irions-nous pas la surprendre au travail après notre promenade ?

Galvanisés par nos expériences auprès d'inconnus, nous avions pris l'habitude de suivre notre instinct quand il s'agissait de nouvelles rencontres. Parfois, nous faisions même un détour. Ce jour-là, c'était ce que nous allions faire.

Peu de temps après avoir lu le message de Lisa, je garais la Jeep à une rue des bureaux de son association. Ma mère et moi avons attendu pendant que Ramie se renseignait. Elle est très vite revenue nous dire qu'elle n'était pas là.

— Ses collègues m'ont dit qu'elle est à son cours de taï-chi. Allons la chercher.

Nous nous sommes rendus au centre de loisirs qui se trouvait à l'autre bout de la ville. Le cours de Lisa avait lieu dans une salle dont la fenêtre donnait sur la rue où nous attendions Ramie qui était entrée. En pleine exécution d'une posture, elle nous a aperçus. Dès qu'elle nous a reconnus, son visage s'est illuminé. Elle a couru jusqu'à nous.

— Comment m'avez-vous trouvée ?

Nous avons détaillé notre travail de détectives et discuté un peu jusqu'à ce qu'elle se rendît compte que le devoir l'appelait. Elle voulait néanmoins poursuivre la conversation :

— Venez manger chez nous ce soir. Vous aimez le ragoût de fruits de mer ?

Inutile de nous concerter. J'ai lancé un coup d'œil à Ramie et à ma mère avant de répondre :

— On adore le ragoût de fruits de mer ! Vous voulez qu'on vienne à quelle heure ?

Lisa, Bob, son mari, et Grace, leur petite fille, vivaient sur une partie de l'île où les touristes ne s'aventuraient pas. Nous avons failli nous perdre en nous engouffrant dans une épaisse forêt avant d'arriver dans une petite prairie à peine plus grande que leur maison de deux étages, qu'ils avaient construite eux-mêmes. Nous étions émerveillés par le dôme lisse qui leur faisait office de toit. Nous étions enchantés avant même de pénétrer dans leur charmant foyer.

Une fois à l'intérieur, nous avons été accueillis par l'odeur du pain frais ; les légumes étaient déjà épluchés et cuisaient tranquillement ; les fruits de mer allaient bientôt être jetés dans la marmite. À la table de la cuisine, Ramie et ma mère faisaient le récit de notre voyage à Bob, pendant que dans l'autre pièce, Grace jouait avec Ringo.

J'ai fait ce que je fais toujours : je suis allé voir la cuisinière. Tandis que j'essayais de me rendre utile, Lisa m'a raconté la bataille de son père contre un mésothéliome, et comment cela l'avait affectée. Dans cette cuisine, au son des couteaux sur la planche à découper, du ragoût sur le feu et des voix autour de nous, Lisa et moi avons échangé de nombreuses histoires. Très vite, nous avons partagé nos larmes et nous sommes pris dans les bras l'un de l'autre, sachant ce que l'autre ressentait. Lisa avait espéré que son père accepterait de partir en voyage comme ma mère, mais il n'y était malheureusement pas prêt. Elle essayait de lui rendre visite autant que possible pour se créer des souvenirs positifs.

Nous sommes restés longtemps après le dîner, ne voulant pas quitter cette atmosphère joyeuse. Du haut de ses six ans, Grace n'en avait pas fini avec sa journée. Elle a filé à l'étage pour redescendre plus tard avec son chat dans les bras ; il était trempé.

— Tenez, Miss Norma, je viens de donner un bain à mon chat. Vous pouvez le tenir, maintenant, a-t-elle déclaré en essayant de poser l'animal sur les genoux de ma mère.

Tout le monde a éclaté de rire. C'était si bon de partager un moment du quotidien avec ces gens que nous ne connaissions qu'à peine.

Quand ma mère s'est mise à bâiller, je savais qu'il était temps de rentrer. Au moment de se dire au revoir, Lisa et moi nous sommes promis de rester en contact.

Un silence paisible s'est installé quand nous avons traversé la forêt pour regagner la route qui nous ramenait au camping. Ramie était recroquevillée sur le siège passager, et dans le rétroviseur, je voyais ma mère et Ringo blottis l'un contre l'autre sur la banquette arrière. Je me sentais comblé – comblé par la bonne nourriture dans mon corps et par tant d'amour dans mon cœur.

En conduisant, je repensais aux nombreux repas que nous avions savourés dans le Sud et le long de la côte Est. J'ai ri en repensant à ma mère quand elle a mangé des huîtres pour la première fois à

La Nouvelle-Orléans en novembre. Au début, elle avait donné sa réponse habituelle à notre proposition d'aller chez Felix's, un bar à huître :

— Oh, je ne sais pas trop.

Mais nous en avions commandé à toutes les sauces : crues, cuites, façon Rockefeller.

Quand on nous avait servis, ma mère avait accepté de goûter une de chaque, non sans réticence. Elle était ravie de manger les mollusques cuits, mais quand il avait fallu en manger cru, nous l'avions vue hésiter.

— Je ne sais pas trop, avait-elle répété.

Elle avait les yeux rivés sur la masse grise qui occupait la moitié de la coquille. Puis, avec une lueur dans le regard, elle s'était lancée pendant que notre serveuse était occupée ailleurs. Ma mère avait rejeté la tête en arrière et fait glisser l'huître dans sa bouche, sa texture gélatineuse la faisant légèrement grimacer. Sans se démonter, elle l'avait avalée. Puis :

— Ce n'est pas si terrible.

La serveuse était venue à notre table.

— Ma petite dame, avait-elle commencé avec son fort accent du Sud, vous êtes bien plus courageuse que moi. Ça fait dix-huit ans que je travaille ici, et je n'ai jamais goûté une de ces choses.

Ma mère avait juste souri et avalé une autre huître.

Toujours en chemin vers le camping, sur les routes quasiment désertes et sous un ciel de plus en plus sombre, je pensais aussi à notre repas au North beach grill sur l'île de Tybee, une recommandation d'une abonnée Facebook qui nous avait encouragés à nous arrêter et à dire bonjour à un certain « Big George ». Je revoyais le restaurant de plage coloré, et j'entendais encore le bruit du vent dans les palmiers sur la terrasse avec vue sur la plage de sable blanc, là où le fleuve Savannah se jette dans l'océan Atlantique.

En attendant nos boissons, nous avions remarqué un Afro-Américain chauve qui portait une casquette de base-ball. Avec un grand sourire aux lèvres, il s'était levé de sa table à côté de la porte de la cuisine. Je m'étais dit que c'était sûrement Big George. Il faisait au moins deux mètres, et ses membres étaient proportionnels à sa taille. Il portait un jean et un polo rouge, blanc et bleu. Il s'était avancé nonchalamment sur le plancher en bois et assis à notre table. Il avait mis son bras autour de ma mère qui aurait pu y disparaître tout entière.

— Alors, vous devez être Miss Norma, avait-il dit d'une voix douce. J'ai lu toute votre histoire.

Ma mère avait rougi et hoché la tête.

— Eh, oui. C'est moi.

— Mes potes et moi, on regardait justement votre page Facebook. Vous en faites du chemin !

Big George nous avait expliqué pourquoi il y avait tellement de « gars » et pas de femmes qui servaient dans ce bar-restaurant populaire : il préférait engager des jeunes hommes en difficulté. Il leur donnait non seulement un travail, mais aussi de l'amour et du respect. Il était comme un père adoptif. Ma mère pouvait comprendre. D'après l'aisance dont elle faisait preuve dans les bras de Big George, elle l'avait tout de suite apprécié.

Pendant le dîner, notre nouvel ami était revenu s'asseoir avec nous pour discuter et plaisanter avec ma mère. Après nous avoir demandé si notre repas nous avait plu, il nous avait suggéré de commander du gâteau chocolat-caramel fait maison. À la fin de la soirée, nous avions ri ensemble comme de vieux amis. Il avait insisté pour nous offrir le dîner et nous avait invités à repasser le voir avant de quitter l'île.

Maintenant que nous étions presque rentrés, je me souvenais des visages de tous ceux avec qui j'avais pleuré pendant notre séjour sur la côte Est – des gens que je venais tout juste de rencontrer. Autour du repas, nous nous étions sentis à notre aise pour discuter des grands thèmes : du deuil, de la famille, du sens de la vie. Nous avions parlé de nos parents, de l'épreuve que l'on traverse quand on s'occupe de ses proches vieillissants ou malades, de la peur d'évoquer la mort et de faire face à notre fragilité d'être humain. Que ce fût avec une communauté entière ou une petite famille, j'avais trouvé de l'authenticité et de la bienveillance dans ces liens créés autour d'une table ou d'un îlot de cuisine couvert de nourriture.

En regardant de nouveau dans le rétroviseur, j'ai vu ma mère et Ringo qui avait la tête sur ses genoux, tous deux profondément endormis. Je n'avais pas confectionné de dîner en papier pour elle depuis mon enfance, et cela faisait très longtemps que je n'avais cuisiné à ses côtés sur mon tabouret. Toute ma vie, j'avais voulu exprimer mon amour à travers la nourriture, mais j'ignorais qu'il était possible d'en recevoir autant de cette manière.

CHAPITRE 14

Trouver l'équilibre

De Pittsburgh,
Pennsylvanie, au parc de Yellowstone, Wyoming
Juin et juillet

RAMIE

De dégustation en dégustation, nous avons passé le printemps à sillonner le nord-est du pays puis, quand l'été est arrivé, nous avons gagné la Pennsylvanie et les terres de mes jeunes années. Ce séjour était prévu depuis longtemps. Nous avons mis le cap dans cette direction pour participer à la plus joyeuse des célébrations : le mariage de mon amie d'enfance.

C'était elle qui, le soir du 31 décembre 1982, avait réuni notre groupe de copines pour une soirée break-dance dans la cuisine de ses parents ; celle qui avait fait son coming-out devant moi, il y a vingt ans, pour me dire ce que je savais déjà ; celle qui s'assurait de faire arriver mon cadeau pour mes cinquante ans au fin fond du désert californien ; et c'était encore elle qui avait été à l'autre bout du fil tout au long de nos pérégrinations avec Miss Norma.

Je me réjouissais d'avoir l'honneur de célébrer le mariage de Patti et April. À l'approche du 18 juin, nous nous sommes installés dans le camping Bear Run, et nous avons passé les semaines suivantes à nous préparer pour l'événement. Tim se chargeait de la cuisine, et moi, je devais tout faire pour soutenir le couple dans ce moment merveilleux, leur éviter tout stress et orchestrer une magnifique cérémonie.

Jusqu'au mois de juin, nous avions vécu une aventure de conte de fées. Norma s'était allègrement prêtée au jeu des nouvelles expériences. Elle était toujours alerte et active, et son état de santé semblait même s'améliorer. Nous maîtrisions son traitement. Grâce à toutes les bonnes choses que nous avions mangées ensemble, elle avait progressivement repris du poids, et avec tout ce temps passé au soleil, elle avait une mine excellente. C'était toujours une joie d'être auprès d'elle. Nous avions des hauts et des bas, mais le choc de Presque Isle près d'un an auparavant nous paraissait bien loin. Tout allait bien. En tout cas, c'est ce que nous croyions.

Une semaine avant le mariage, Norma, Tim et moi sommes rentrés au camping-car après avoir passé une très agréable journée avec Patti. Nous nous étions encore régalés dans le Strip District, le quartier commerçant de Pittsburgh. Mais en ouvrant la porte, nous avons trouvé Ringo très mal en point. Nous avons d'abord pensé qu'il avait quelque chose de coincé dans la gorge, mais plus nous l'examinions, plus il était clair qu'il s'agissait d'autre chose. Ses croquettes préférées le laissaient indifférent, il essayait de vomir sans y parvenir, sa tête était lourde et il peinait à fixer son regard.

Après avoir cherché un vétérinaire, nous avons pris la Jeep pour un trajet de vingt minutes qui nous a paru interminable. Norma est restée dans le camping-car. Nous étions trop pressés pour lui dire ce qu'il se passait. Nous regrettions de la laisser seule mais, à ce moment-là, Ringo était notre seule préoccupation.

Les radios ont montré qu'il avait l'estomac tordu et dilaté.

— Il va mourir, nous a dit brutalement le Dr Wilson. Son seul espoir est d'être opéré immédiatement.

Son pessimisme trahissait le nombre de déceptions dont elle avait dû être témoin.

On nous a ensuite posé les mêmes questions que pour Norma.

— S'il fait un arrêt cardiaque, voulez-vous qu'on le ranime ? Combien êtes-vous prêts à dépenser pour le soigner ? Choisissez-vous la crémation en cas de décès ?

Cela a été une expérience très pénible. Nous faisions face aux questions vitales que nous avions si longtemps évitées avec Norma, et même si nous avions tardé à y répondre, nous avions eu le temps d'y réfléchir. L'histoire se répétait pour Ringo, mais dans la précipitation.

Cependant, nos réponses n'étaient pas les mêmes que pour Norma. Ringo faisait partie de la famille, il était pour nous une source d'équilibre et d'apaisement quand personne d'autre ne comprenait. Il ne pouvait pas mourir. Pas maintenant.

— Mon Dieu !

C'est tout ce que ma gorge a pu laisser passer.

Une jeune assistante vétérinaire est venue avec un devis détaillé de deux pages pour l'opération qui allait peut-être sauver la vie de Ringo. Elle a commencé à nous lire une longue liste de choses que j'étais incapable d'entendre. Tim devait être dans un état similaire. Il l'a interrompue.

— Montrez-moi ce que ça va coûter. Chaque minute compte.

Cela représentait beaucoup d'argent, et il n'y avait aucune garantie, mais nous avons signé quand même, incapables de nous imaginer la vie sans Ringo.

Tim avait un chèque dans la poche. Nous avions récemment vendu la voiture de sa sœur dont il avait hérité. C'était le montant exact de l'estimation. Nous étions certains qu'une fois encore, Stacy avait trouvé le moyen de nous venir en aide.

On a préparé Ringo pour l'opération, et avec une intraveineuse dans la patte avant-gauche, il a remué la queue quand nous lui avons dit bonne nuit, et adieu.

Dans la voiture, j'ai regardé Tim quand il a mis la clé dans le contact. Il avait les yeux rouges et bouffis, comme les miens sûrement. J'avais la boule au ventre, et mes mains tremblaient. J'avais la nausée. Tim pleurait tellement qu'il a été à peine capable de conduire jusqu'au camping. Nous étions bouleversés.

Une fois dans le camping-car, assis sur le canapé à côté de Norma, nous avons éclaté en sanglots. C'était la première fois que nous la laissions seule sans lui dire pourquoi, mais à notre retour nous l'avions trouvée calme, comme si de rien n'était. Elle gérait beaucoup mieux la situation que nous. Par bribes, Tim lui a lentement raconté ce qu'il s'était passé, sa voix se brisant au fur et à mesure qu'il se remémorait les détails.

— C'est grave, maman, a-t-il conclu. Nous ne savons pas du tout ce qui va se passer.

Il s'est alors mis à pleurer de plus belle. Il a pris ma main, et nous sommes restés ainsi, inconsolables et anéantis.

— Écoutez…

Le son de la voix de Norma m'a tirée de ma torpeur ; je l'ai regardée avec curiosité. Sa voix avait été ferme et forte, mais elle n'avait pas crié. J'ai lancé un regard vers Tim, qui semblait encore plus surpris, avant de me focaliser sur la femme d'autorité devant moi.

— Il faut être positif. C'est de ça dont Ringo a besoin. Vous devez être convaincus que tout ira bien. Vous ne l'aidez pas sinon.

Il était 21 heures passées quand nous avons emmené Norma se coucher en silence, sans nous livrer à notre petite danse rituelle. Inspirés par la force de sa confiance, nous avons tenté de nous ressaisir, sans pour autant parvenir à nous endormir avant de recevoir des nouvelles de l'hôpital. Un appel a mis fin à trois heures agitées.

— J'ai opéré Ringo, et les nouvelles sont bonnes, nous a informés le Dr Wilson. Sa rate n'est pas endommagée. Vous l'avez amené juste à temps.

La mauvaise réception nous empêchait de bien l'entendre. Nous avions tous les deux les joues collées au téléphone ; nos larmes mêlées tombaient sur le tapis.

— Il va s'en sortir ? ai-je demandé pleine d'espoir.

— Il n'est pas encore complètement tiré d'affaire. Son estomac et tous ses organes semblent viables, mais on ne sait jamais comment ces gros chiens réagissent au réveil. Pour l'instant : pas de nouvelles, bonnes nouvelles. Reposez-vous un peu. Je ne vous appellerai pas avant demain matin, à moins qu'il y ait des complications. Je voulais juste vous tenir au courant.

La chirurgienne semblait fatiguée. Elle nous paraissait confiante mais ne voulait pas nous donner de faux espoirs.

D'après la goulée d'air que nous avons prise en même temps, nous avions probablement retenu notre souffle pendant la conversation.

Au lieu de dormir, nous avons prié. Le matin a apporté de bonnes nouvelles. Ringo avait survécu à l'opération, et son rétablissement se présentait bien.

— Il va falloir qu'on garde un œil sur lui pendant quelques jours, mais vous pouvez venir lui rendre visite si vous voulez, nous a dit la réceptionniste.

— On arrive dans une demi-heure.

Quand Ringo, sous sédatifs et désorienté, a trottiné vers nous dans la salle de visite, nous avons ressenti un immense soulagement. Nous l'avons tenu près de nous, passant délicatement nos doigts dans son doux pelage. Il avait échappé de peu à la mort ; c'était comme un rappel. Nous avons pris conscience que tout n'allait pas toujours nous sourire.

*

La semaine suivante a été difficile. Ringo refusait de manger la nourriture prescrite par le vétérinaire, alors

Tim a commencé à lui préparer des ragoûts en plus de nos repas. Nous jonglions entre les quatre prises de médicaments de Ringo, les besoins de Norma et les nôtres.

Le jour de la cérémonie, je me suis levée tôt pour photographier les mariées dans la lumière dorée du matin. C'était une journée d'été parfaite : ensoleillée et tiède, pas un nuage dans le ciel, pas une goutte de pluie – le rêve de toute jeune mariée. Il n'y avait que nous trois. Nous avons ri, nous avons passé un excellent moment ensemble et créé des souvenirs qu'elles allaient pouvoir garder toute leur vie.

Après la séance photo, je suis retournée au camping à temps pour aider Norma à se préparer, croisant Tim qui se dépêchait d'aller mettre en place le buffet pour les cent vingt invités. Nous avions chronométré la matinée pour que Norma et Ringo ne soient jamais seuls.

Norma avait choisi sa tenue depuis longtemps. Elle a pris un peu plus de temps pour sortir tout apprêtée de sa chambre, avec même un peu de rouge à lèvres rose. Mais quelque chose n'allait pas. Son effet est tombé à plat. Elle n'avait pas son sourire habituel. Une expression de douleur l'avait remplacé.

— Comment vas-tu en cette magnifique matinée ? lui ai-je demandé, en essayant de cacher mon inquiétude.

— Pas très bien, a-t-elle répondu en regardant par terre.

C'était une première. Au cours des dix mois passés sur la route avec elle, je ne l'avais jamais vue aussi abattue.

Elle disait avoir le souffle court, son ventre la faisait souffrir. Elle semblait effrayée. La tumeur faisait-elle pression sur un organe ? Son cœur lâchait-il ? La maladie s'était-elle répandue jusqu'à ses poumons ? C'était difficile à dire, mais le changement était visible. Elle était mal, elle avait peur mais, comme toujours, elle refusait d'être un fardeau.

Je n'ai pas pu m'empêcher de penser égoïstement : « Ce n'est pas vrai ! Ça fait des mois que nous attendions ce jour. Mes amies ont besoin de moi. D'abord Ringo, et maintenant ça ? » J'étais épuisée. Nous l'étions tous.

Puis je me suis demandé si elle n'avait pas un problème avec le mariage entre personnes du même sexe. Peut-être était-elle si timide que la maladie était la seule excuse qui pouvait la sortir de cette situation inconfortable. Ou était-elle vraiment malade ? Mourante peut-être ? Que faire ?

Il fallait qu'on en discute.

— Asseyons-nous une minute, Norma. C'est le fait que le mariage ait lieu entre deux femmes qui te gêne ?

— Oh, non, je suis très contente pour elles, c'est juste que je ne me sens pas bien aujourd'hui.

Je ne voulais pas la laisser seule dans le camping-car toute la journée jusqu'au milieu de la nuit. Elle a accepté de venir avec nous et de rester à l'intérieur de la maison pendant que les festivités se dérouleraient dans le jardin. Ce n'était pas l'idéal, mais c'était cela ou l'annulation de la cérémonie. Nous n'étions qu'à six petites heures du grand « oui ».

J'ai aidé Ringo à descendre par la rampe que nous avions empruntée pour monter dans le monospace de ma mère en faisant bien attention à ses points de suture. Ensuite, c'était au tour de Norma. Je l'ai tenue par la main pour l'aider à descendre les cinq marches du camping-car, je l'ai aidée à s'asseoir dans son fauteuil, poussée jusqu'à la voiture, soulevée pour l'installer sur le siège avant et, enfin, j'ai chargé le fauteuil et la rampe dans le monospace. Quinze kilomètres plus loin, j'ai fait les mêmes gestes dans l'ordre inverse et installé mes deux patients dans la maison juste au moment où les invités arrivaient pour les hors-d'œuvres.

La cérémonie s'est déroulée sous un superbe chêne au bout de la propriété rurale d'April et Patti. Des vitraux étaient accrochés aux branches et donnaient à Dame Nature des airs de cathédrale majestueuse. Les invités arrivaient les uns après les autres, trouvant leur place sur des ballots de foin masqués par des couvertures. L'amour et la fête étaient à leur comble quand mes amis ont traversé le champ pour me rejoindre sous l'arbre. C'était un grand moment : aucun de nous n'avait encore été témoin de l'union d'un couple homosexuel.

Plus tard, les gens n'ont eu de cesse de nous féliciter pour ce charmant mariage. Certains ont dit qu'ils n'avaient jamais assisté à une cérémonie aussi vraie, intime et authentique, et qui reflétait si bien la personnalité des mariées. « On a célébré l'amour aujourd'hui ! » a dit une des invités. « Ramie, tu as assuré ! » a dit un autre. Tous ignoraient que j'étais complètement bouleversée, frustrée que Norma n'ait pas eu l'énergie d'assister à ce moment sublime, et que j'étais inquiète pour la suite. J'aurais voulu qu'elle vînt sous ce chêne magnifique célébrer l'amour, le cœur de notre périple.

Mais au lieu de cela, comme nous l'avons appris plus tard, le sien la lâchait.

*

— Je ne veux pas voir de médecin, avait dit Norma le jour de la cérémonie.

Nous étions devant le camping-car ; une brise estivale rafraîchissait l'air. Nous tentions de la persuader qu'il fallait aller à l'hôpital. D'habitude, nous respections sa volonté, mais sa santé semblait si fragile que nous ne tenions plus. Il y avait une ligne ténue entre rejet du monde médical et souffrance inutile. Ses deux jambes étaient gonflées du genou jusqu'au pied, et elle éprouvait des difficultés à respirer. Tim et moi voyions bien qu'elle se noyait dans ses liquides corporels.

— Peut-être existe-t-il quelque chose qui pourrait te soulager, ai-je insisté. Trouvons au moins quel est le problème. On ne laissera pas les médecins te faire n'importe quoi.

Trois jours après, elle a accepté.

Dès que nous avons passé les portes de l'hôpital, les derniers jours de Leo nous sont revenus en mémoire.

— Quand avez-vous vu un médecin pour la dernière fois ?

Tim et moi nous sommes regardés pendant que Norma répondait honnêtement.

— Vous n'avez vu personne depuis dix mois ? nous a lancé l'infirmière sur un ton de reproche.

Son ton acerbe nous a gênés. Jusqu'alors, nous avions toujours été confortés dans nos choix pour Norma.

La veille, notre histoire avait fait la couverture du principal quotidien de Pittsburgh, le *Post-Gazette*. « Miss Norma en visite à Pittsburgh », annonçait le journal. De toute évidence, le personnel de l'hôpital ne l'avait pas lu.

Les résultats préliminaires des tests sanguins indiquaient que Norma souffrait d'insuffisance cardiaque congestive et de fibrillation auriculaire. Le médecin de garde nous a suggéré de la laisser en observation pendant la nuit. Tim et Norma ont catégoriquement refusé.

— J'ai vu ma sœur et mon père mourir à l'hôpital. Ma mère ne partira pas comme ça.

Fragile et souffrante, Norma a regardé le médecin qui semblait troublé.

— Je ne resterai pas ici.

— C'est peut-être le moment de parler à Norma de ses directives anticipées, nous a conseillé le médecin.

Après les reproches, Tim et moi ressentions enfin de l'approbation. Nous avions une longueur d'avance.

Nous avons expliqué pourquoi nous étions partis si loin des médecins de ma belle-mère et quel avait été son choix en apprenant qu'elle avait un cancer. Nous lui demandions seulement de soulager les symptômes, de faciliter sa respiration en excluant tout acte chirurgical ou tout héroïsme.

L'attitude du personnel médical nous a paru changer du tout au tout. L'infirmière m'a emmenée avec Tim dans le couloir et s'est excusée d'avoir remis en question notre choix de refuser les traitements. Elle nous a félicités d'accompagner Norma ainsi. Elle a manifesté à la fois son impuissance et sa colère :

— J'aimerais avoir plus souvent ce genre de conversation avec les familles, a-t-elle dit en parlant des difficultés qu'éprouvent nombre d'entre elles face à la fin de vie.

Environ une heure plus tard, nous avons reconduit Norma à la voiture. On lui avait prescrit des diurétiques pour réduire l'accumulation de liquides. Cependant, la confiance que nous avait redonnée le personnel médical n'a pas fait long feu. Le cœur de Norma était en train de lâcher. C'était inéluctable. Elle se mourait. J'étais plus déterminée que jamais à vivre dans l'instant – cet instant.

*

Depuis la Pennsylvanie, nous avons continué notre chemin à travers le nord du pays, faisant halte sur des parkings, chez des amis ou dans des campings. Nous avons passé quelques semaines chez Norma dans le Michigan, avant de repartir pour l'archipel de San Juan, dans l'État de Washington, où des amis du Mexique nous avaient invités.

Un samedi matin de juillet, en pleine campagne présidentielle, la matinale de la chaîne NBC a trouvé quatre minutes et demie entre les conventions démocrate et républicaine pour diffuser son reportage sur

Miss Norma. Une productrice était venue tourner quelques images quand nous étions en Caroline du Nord, mais l'interview avec le journaliste Craig Melvin n'avait eu lieu que récemment dans le bar d'un ami à Dearborn, dans le Michigan. Nous avions passé la nuit sur le parking d'un Walmart sur les terres amish du Minnesota. Il était bien avant 9 heures du matin et Norma dormait encore. Tim et moi avons regardé l'émission au son des calèches qui passaient dehors. Nous avons été très émus dès les premières minutes.

Peu après le début de notre grand moment de télévision, boum ! Nous avons entendu un fracas dans la chambre de Norma.

— Elle est tombée ! ai-je crié.

Tim ouvrait déjà la porte : elle était par terre sur le dos, terrifiée.

— Elle s'est cogné la tête ? ai-je demandé à Tim en me levant du matelas gonflable.

— Tu peux bouger, maman ? Tu as quelque chose de cassé ? Tu saignes ?

— J'ai la tête qui tourne, a-t-elle gémi.

— Maman, que s'est-il passé ?

— Je faisais mon lit, et patatras, je suis tombée en arrière. Je n'ai pas pu me retenir.

Norma semblait stupéfaite que son corps ait pu lui faire défaut ainsi. Tim lui tenait la tête et moi, la main. Nous avons alors remarqué que sa jambe saignait beaucoup. Sa peau était très fine, et elle avait atterri sur le verrou de la porte de la salle de bains. À part cela, grâce à des décennies de prise de compléments alimentaires pour la santé des os et un sol assez moelleux, elle n'avait rien de cassé.

Tim l'a aidée à se relever. Elle était très secouée. J'ai examiné la coupure à la jambe qui était profonde, puis je l'ai nettoyée et bandée. Nous nous sommes affairés autour d'elle encore un peu jusqu'à ce qu'elle fût rassurée. Tim l'a exhortée à prendre son temps pour s'habiller.

Norma a pu se préparer avant la rediffusion de *Today* sur NBC pour la côte Ouest. Elle a pris une double dose de CBD ; la douleur a disparu mais l'appétit aussi. Son visage s'est illuminé à la vue de sa photo sur le plateau de l'émission. Le traumatisme de sa chute s'était déjà envolé.

Plus tard, nous nous sommes plongés dans la lecture des centaines de messages qui nous parvenaient sur notre page Facebook à la suite de la diffusion du reportage. Ils arrivaient à point nommé pour nous remonter le moral. Ce petit supplément d'amour nous a requinqués sur la route 94 en direction du Dakota du Nord.

— Je suis tellement reconnaissant de t'avoir, m'a dit Tim à Bismarck, quand Norma était couchée. Je peux conduire, préparer tous nos repas, laver la vaisselle et vidanger, mais je ne sais pas si j'aurais été capable de soigner les plaies de ma mère. Je crois que cette jambe ensanglantée, ç'aurait été trop pour moi.

Dans sa voix, je percevais à quel point nous avions conscience que nous entrions dans une nouvelle phase. Je pouvais gérer la jambe, mais le reste ? J'ai veillé un peu plus tard que d'habitude, les yeux rivés sur le plafond, à songer au passé et à l'avenir. Les balades en montgolfière et les randonnées semblaient loin derrière nous. De nouveaux défis nous attendaient.

*

À la fin juillet, de passage dans le sud-ouest du Montana, nous avons décidé de faire un crochet du côté des sources chaudes de Mammoth dans le parc de Yellowstone. Tim et moi y étions déjà allés, et nous pensions que ce serait une bonne occasion de quitter l'autoroute pour profiter de l'un de nos parcs préférés.

Nous avons laissé le camping-car à Livingston pour la journée et pris la Jeep. Norma s'enthousiasmait comme elle pouvait ces jours-ci. Hésitante dans sa démarche, elle avait l'équilibre précaire. Elle utilisait davantage ses mains pour communiquer.

Plus nous nous rapprochions de Mammoth et des chemins qui menaient aux sources, plus je pensais à notre séjour en Floride. Là-bas, Norma avait été capable de gravir les vieilles marches en pierre du fort de Saint Augustine pour admirer le fleuve Matanzas. Elle avait été si motivée que rien n'aurait pu l'arrêter. Bien sûr, la fatigue l'avait rattrapée le jour suivant, mais elle y serait retournée sans hésitation.

Les choses avaient changé après la chute. Chaque pas était plus incertain. Ayant perdu en assurance, elle dépendait davantage des poignées du camping-car pour se stabiliser. Elle était toujours aussi désireuse de voir des choses extraordinaires, mais les cinq marches du véhicule étaient tout ce qu'elle pouvait monter. Craignant de tomber de nouveau, Norma insistait de plus en plus pour rester assise dans son fauteuil au lieu de marcher.

Tim et moi savions tous les deux qu'une chute signalait souvent le début de la fin – avec une fracture de la hanche, une bosse à la tête ou, dans le cas de Leo, un tassement vertébral. Heureusement, Norma n'avait eu qu'une coupure à la jambe, mais un changement s'était opéré malgré tout. Nous prenions déjà soin d'elle à plein temps, mais l'intensité de nos tâches allait croissante.

— Rappelle-toi que nous avons fait ce choix. Nous savions que ce jour viendrait, répétais-je à Tim.

Je le disais autant pour lui que pour moi. Savoir que ce moment était inévitable et y être confronté dans la réalité étaient deux choses très différentes. Je ne savais pas du tout si j'étais prête pour cela, si j'y serais jamais prête.

J'ai soupiré et posé ma tête contre la vitre, alors que la Jeep prenait la route 89 vers le sud. En dépit de l'effet apaisant des montagnes et des ruisseaux cristallins, la peur et l'inquiétude prenaient le dessus. Qu'allait-il se passer ? Comment allions-nous gérer la situation ? Était-ce possible dans un camping-car ? Je voulais me blinder contre la réalité que ces changements auguraient ou bien laisser les oiseaux au-dessus de moi emporter l'angoisse qui m'habitait.

Quand nous sommes arrivés à Mammoth, l'endroit était envahi par les véhicules. Nous avons tourné plusieurs fois dans six ou sept parkings pour trouver une place, mais ils étaient tous complets. Nous avons finalement trouvé un espace handicapé près des toilettes.

Norma, qui avait été silencieuse pendant la majeure partie du trajet, nous a gratifiés de son sourire inimitable, et quand Tim a sorti la vignette de stationnement pour handicapés, elle l'a taquiné comme toujours.

— Vous êtes bien contents de m'avoir, hein ?

Nous n'avons trouvé que quelques chemins accessibles en fauteuil pour voir les terrasses de travertin. Tim et moi étions un peu déçus. La plupart des sources étaient bien au-dessus de nous.

Une autre visiteuse, qui avait dû repérer notre esprit aventurier, nous a indiqué un chemin goudronné qui menait tout en haut.

— Il n'y a pas de marches, mais c'est très pentu. Si vous avez le courage de pousser jusqu'en haut, la vue vaut vraiment le coup, nous a-t-elle dit.

En nous approchant de la pente, nous avons croisé beaucoup de défaitistes :

— C'est très raide, je ne m'y aventurerais pas si j'étais vous, nous a prévenus un passant.

— Vous avez des jambes, mais vous n'avez pas de cerveau ! nous a dit un autre.

Quand nous lui avons demandé si elle voulait continuer, Norma a répondu :

— Bien sûr, pourquoi pas ?

— Je m'inquiéterais encore plus pour la descente, avons-nous entendu pendant la montée.

Les commentaires fusaient, mais nous avons continué. J'ai regardé Tim pousser le fauteuil de tout son poids, pas à pas. Il avait le sourire aux lèvres.

Une fois en haut, j'ai respiré profondément et saisi les poignées du fauteuil roulant. J'ai regardé l'ancien fort de Yellowstone et les montagnes. Mon œil a été attiré par notre Jeep grise avec les kayaks orange sur le toit. Je repensais au regard malicieux de Norma quand elle avait plaisanté sur la place de parking. Malgré les événements alarmants des deux derniers mois, malgré mes peurs, Norma avait raison : nous étions contents de l'avoir avec nous.

CHAPITRE 15

Changer

Friday Harbor, Washington
Août et septembre

RAMIE

Une fois arrivés dans l'État de Washington, nous avons tranquillement roulé le long d'interminables rangées de pommiers, puis nous avons pris la direction du nord entre les sommets du parc national de North Cascade, un lieu que Tim et moi n'avions pas encore visité. Nous voulions prendre le temps d'admirer la beauté qui nous entourait.

Le sommet des montagnes se reflétait dans le lac Diablo dont les sédiments en suspension créaient une teinte d'un turquoise si éclatant qu'il en paraissait irréel. En temps ordinaire, nous nous serions arrêtés et nous aurions trouvé un chemin de randonnée pour explorer les lieux. Mais sur le canapé derrière le siège conducteur, Norma était nauséeuse et respirait mal. Il nous fallait immédiatement regagner le niveau de la mer. Nous pensions qu'en descendant en altitude, elle reprendrait son souffle. Il fallait traverser ces montagnes au plus vite.

Nous avons préféré passer plusieurs nuits dans un camping de la côte de l'île Fidalgo pour laisser Norma s'acclimater avant de prendre le ferry jusqu'à notre destination : l'archipel de San Juan. Nous avions prévu de passer une semaine ou deux chez Nan et Steve, deux amis de Basse-Californie qui vivaient à proximité de Friday Harbor.

Les douleurs de Norma se sont vite calmées quand nous avons regagné le niveau de la mer. Elle a recommencé à se promener en poussant son fauteuil-déambulateur, parcourant les chemins de la propriété de deux hectares et demi, où nous allions vivre temporairement. Sa blessure à la jambe cicatrisait bien, et Tim et moi sentions que sa santé s'améliorait. Je croyais que les choses allaient mieux.

Nan avait tout prévu pour notre visite. Nous avons d'abord fait la connaissance de Popeye, le phoque du port qui traînait du côté des docks de Friday Harbor près d'une poissonnerie. Ensuite, il y a eu le marché du samedi matin et le jazz big band du dimanche soir. Des gens se réunissaient tous les mardis pour jouer du ukulélé, manger du pop-corn et boire de la bière, alors Norma devait absolument être de la fête. Nous avons aussi accepté des invitations lancées sur Facebook pour aller observer les baleines, visiter un champ de lavande et retrouver un autre grand caniche, aussi appelé Ringo, pour une séance de jeux canins.

Entre deux sorties, Norma lisait, jouait sur son iPad et entretenait son bronzage. C'était le mois d'août, le meilleur moment pour visiter le nord de la côte Ouest, une région habituellement nuageuse et pluvieuse. En pleine canicule record sur tous les États-Unis, nous étions au bon endroit – vingt-cinq degrés sous un ciel bleu, cela nous convenait parfaitement.

La vie était belle. Jusqu'à ce qu'elle ne le fût plus. Norma est encore tombée au milieu de la nuit en allant se recoucher après un passage aux toilettes. Elle ne s'est pas blessée, mais Tim et moi avons compris que notre grande aventure touchait à sa fin. Elle dormait davantage la journée, et nous nous réveillions plus souvent la nuit pour l'aider à aller aux toilettes. Nous la suppliions de boire assez d'eau pour ne pas se déshydrater, mais ses jambes gonflées nous inquiétaient. Nous ne parvenions plus à maintenir l'équilibre. Son insuffisance cardiaque congestive et ses œdèmes prenaient le dessus.

Le déclin de Norma était régulier et marqué, mais nous n'y voyions pas la manifestation de son cancer. Elle avait arrêté de saigner il y a des mois, et le CBD soulageait ses douleurs. Ce serait finalement son problème de cœur qui aurait raison d'elle.

Le 24 août 2016, nous avons fêté le premier anniversaire de notre départ. Il y avait eu de nombreux événements marquants cette année-là : 21 000 kilomètres parcourus, 32 États, 15 parcs nationaux, une foule de nouvelles expériences et de nouveaux amis, sans oublier les litres de bière et les kilos de gâteaux. Nous avons organisé une petite fête sur la terrasse de Nan et Steve, qui nous ont joué une superbe version d'*All the good people* au ukulélé, et nous avons évidemment dégusté du gâteau et de la bière, comme l'exigeait la tradition.

Nous nous sommes remémoré cette année en camping-car et nous avons raconté nos souvenirs à Nan et Steve. Nous avons ri de toutes ces fois où Norma nous avait dit : « Vous êtes bien contents de m'avoir, hein ? », et nous nous sommes félicités de l'amitié et de l'hospitalité de nos hôtes. Mais même au milieu de cette célébration improvisée, je sentais le chagrin se mêler à la joie. Nous savions tous que notre séjour à San Juan avait une autre fin que celle que nous imaginions ; c'était là que Norma allait mourir.

*

Tandis que Norma rayait les jours sur son petit calendrier de poche, sa somnolence excessive ne faisait que s'aggraver. Elle a soudain perdu tout intérêt pour les puzzles, la lecture et les jeux, des passe-temps qu'elle appréciait pourtant beaucoup. Elle était constamment essoufflée, et le liquide s'accumulait dans ses jambes.

C'était devenu une corvée de la faire sortir et rentrer dans le camping-car. Pour voir si cela la soulagerait, nous avons emprunté un concentrateur d'oxygène portable à la fille de Nan, qui avait occasionnellement des problèmes respiratoires. Au début, Norma n'a pas voulu entendre parler de machine. Elle a résisté à nos tentatives, étant persuadée qu'il s'agissait d'un appareil de maintien en vie et non de confort. Après trois jours de refus, elle nous a finalement laissés placer une canule dans son nez, juste pour voir. Il ne nous a pas fallu longtemps pour remarquer qu'elle respirait mieux. Sentir l'oxygène atteindre à nouveau ses organes vitaux était suffisamment appréciable pour qu'elle acceptât d'utiliser l'appareil.

La fille de Nan ne faisait que passer, et quand il a été temps pour elle de repartir avec son concentrateur, Norma a décidé que mieux respirer était une bonne chose et qu'elle se voyait bien adopter un tel dispositif. C'était le moment de demander de l'aide. Notre conversation avec le médecin du Michigan un an auparavant nous est revenue en mémoire. À l'époque, Tim lui avait demandé à quoi nous devions nous attendre quand la maladie progresserait, et quelle serait la meilleure façon de nous occuper de sa mère.

Le médecin nous avait suggéré de contacter une unité de soins palliatifs locale. D'après lui, Norma pourrait rester avec nous dans le camping-car.

Nous avons pris rendez-vous à la clinique Peace Island à Friday Harbor, pour voir si c'était si facile d'obtenir une aide médicale. Le destin a voulu que l'infirmière praticienne qui a examiné Norma ce matin-là ait exercé en soins palliatifs ; elle comprenait très bien notre situation.

Après une discussion d'une heure, nous sommes retournés à l'accueil avec un sentiment de satisfaction. On nous envoyait vers Hospice Care of the Northwest, une structure de soins spécialisés. Tim et moi allions maintenant bénéficier du soutien nécessaire pour respecter notre part du marché : Norma devait finir sa vie « chez elle ».

Après avoir traversé le hall d'entrée qui ressemblait à celui d'un musée plutôt qu'à celui d'un hôpital, nous sommes sortis par la porte automatique. Une fois dehors, nous avons tous trois respiré profondément l'air frais du Pacifique Nord. L'idée qu'il s'agissait d'une course de fond et non d'un sprint me rassérénait.

— On va y arriver, ai-je murmuré à Tim.

À peine sortis, j'ai sursauté en levant les yeux. Juste devant l'hôpital était stationnée une Toyota MR2 grise des années 1980 dont le conducteur attendait sûrement quelqu'un. Sans nous dire un mot et sans même échanger un regard, Tim et moi avons marqué un temps d'arrêt. On aurait dit que Leo nous signalait qu'il était prêt à emmener Norma de l'autre côté avec Mister 2. Tim a accéléré pour s'éloigner de la voiture avec sa mère et rejoindre la Jeep au plus vite, comme pour dire : « Pas encore, papa. »

Nous sommes ensuite allés directement à Friday Harbor pour la foire du comté de San Juan. Personne n'aurait deviné que Norma s'apprêtait à entrer en soins palliatifs. Elle inspectait les légumes et les tartes primés ; passant la tête dans une représentation grandeur nature du tableau *American gothic* pour une photo, elle souriait allègrement et saluait de la main les passants qui la reconnaissaient. Mais elle a surtout dégusté une « oreille d'éléphant », un des grands beignets plats recouverts de sucre en poudre de son enfance.

Comme la grande roue au milieu de la foire, mes pensées tournaient en rond dans une cogitation incessante. Je ressentais à la fois de la joie en voyant Norma si vivante, et de l'angoisse à l'idée d'entrer dans l'inconnu.

— Bienvenue aux soins palliatifs, Miss Norma ! nous a annoncé Nan en nous guidant vers les granges pour voir les cabris.

Nan et sa fille nous avaient rejoints.

Je ne pouvais qu'en rire. Rien cette année-là n'avait été normal, alors pourquoi commencer maintenant ? Nous ne pouvions que continuer à vivre dans le moment et à dire « oui » à ce que la vie nous proposait, pour le temps qu'il nous restait.

Plus tard ce soir-là, je me suis demandé si Norma avait eu la même réaction que Tim et moi en voyant la Toyota devant l'hôpital.

— Tu as vu la voiture aujourd'hui ?

— Oh, c'était très étrange. Je croyais que Leo venait me chercher, m'a-t-elle confié. Je ne savais pas quoi en penser.

Elle aussi y avait songé. La larme à l'œil, je lui ai souri. J'étais émue m'imaginant Leo attendre qu'elle fût prête, mais également triste de prendre conscience qu'elle allait bientôt nous quitter.

*

Notre expérience avec l'Hospice Care of the Northwest, sur le continent, et la clinique de San Juan, a été excellente, voire un peu étourdissante. Tellement de gens ont contribué non seulement à l'administration des soins, mais aussi à notre bien-être. Ils n'en étaient manifestement pas à leur coup d'essai. Mais très vite, Norma a montré à Kathryn, son infirmière, qu'elle n'était pas une patiente comme les autres.

— Je vais prendre votre tension, a annoncé Kathryn lors de sa première visite.

Pendant que Norma était confortablement assise dans son fauteuil, sirotant son thé de l'après-midi, Kathryn a placé un oxymètre sur son majeur et écouté son cœur et ses poumons au stéthoscope.

— Puis-je vous enlever vos chaussons ?

Le regard espiègle de Norma a croisé le mien tandis que Kathryn retirait le premier chausson de son pied gonflé. Sachant ce que l'infirmière allait trouver, nous avons toutes deux étouffé un rire. Tim a fait de même quand il a vu ce qu'il se passait. Kathryn a eu la surprise de découvrir des fleurs rose vif sur les doigts de pied de Norma. Elle s'était fait faire une pédicure ; c'était la première fois qu'elle se faisait vernir les orteils. Norma était hilare, et Kathryn se pâmait devant tant de fantaisie.

Puis vint le moment de l'inspection des pieds. Kathryn a tâté la peau fine et s'est soudain arrêtée juste au-dessus de la cheville.

— Qu'est-ce qu'elle a votre peau à cet endroit-là ? C'est quoi cette décoloration sur la jambe ? Et cette ligne ?

— Eh bien, ce sont mes marques de bronzage. Je porte des chaussettes normalement, a-t-elle expliqué avec un large sourire.

— Vous allez m'en faire voir, vous, a répondu Kathryn gaiement.

*

Pensant avoir pris toutes les décisions nécessaires, nous nous croyions débarrassés des sujets difficiles. Devant la vitesse à laquelle Norma avait décliné cette première semaine à San Juan, nous avons décidé de lui faire rédiger ses « cinq souhaits ». J’avais découvert ce document au kiosque d’information de l’hôpital où Leo avait passé ses derniers jours. Il s’agissait d’unc liste de directives anticipées prenant en compte les besoins personnels, émotionnels et spirituels de la personne, ainsi que ses souhaits médicaux. Quand nous l’avons signé devant deux témoins, le document est devenu légalement valide dans tous les États américains sauf huit. Une des questions à laquelle Norma a dû répondre était : « Comment voulez-vous que l’on se souvienne de vous ? » De sa main tremblante, elle avait écrit : « C’était quelqu’un de gentil. » Cela avait été compliqué d’en parler, mais nous voulions être sûrs de répondre à tous les besoins de Norma.

Une fois les cinq vœux rédigés et notre équipe de soin constituée, nous avons décidé de suivre toutes leurs recommandations. Norma allait bientôt mourir dans son sommeil comme sa mère, c’était ce qu’elle souhaitait.

— Le jour où grand-mère est morte, elle avait déjeuné avec ses amis à la cantine de la maison de retraite, nous avait-elle dit des mois auparavant. Après manger, elle était retournée dans sa chambre pour faire une sieste, et elle ne s’est jamais réveillée. Voilà. Ce n’est pas trop mal.

Mais au lieu de ça, les choses se sont compliquées.

Le médecin des soins palliatifs avait prescrit du furosémide, un diurétique très puissant pour traiter la rétention d'eau et les gonflements causés par l'insuffisance cardiaque congestive. Mais ce médicament est devenu une source de problèmes pour Norma qui devait faire une vingtaine d'allers-retours aux toilettes jour et nuit. Les effets secondaires étaient nombreux. Elle était constipée et carencée en potassium, ce qui l'obligeait à prendre d'autres médicaments. Nous étions tous épuisés. Norma a cessé de mettre les bas de contention douloureux qui lui avaient été prescrits pour limiter le gonflement de ses jambes, et une fois qu'elle eut réduit son absorption de liquides, elle a également arrêté de prendre le diurétique qu'elle ne supportait pas.

Peu après l'arrêt du traitement, les œdèmes sont revenus. Lors de la visite suivante, Kathryn nous a dit que le médecin recommandait une reprise. Nous ignorions tous pourquoi. De toute évidence, le corps de quatre-vingt-onze ans de Norma flanchait ; son déclin était clair et rapide. La torturions-nous avec ces médicaments pour un résultat médiocre ? « Je veux juste me reposer », nous avait-elle dit, épuisée, après une énième visite aux toilettes.

— Aidez-moi à comprendre pourquoi elle doit prendre du furosémide, a insisté Tim lors d'une conversation ultérieure.

— Ça va l'aider à respirer, a répondu l'infirmière comme si rien n'était plus important.

Tim n'était pas convaincu.

— Pourquoi prolongeons-nous son existence ? Pour quelle qualité de vie ?

La conversation tournait en rond. Norma s'endormait, et face à l'incompréhension, Tim s'est désengagé de la discussion.

— Mais ça va l'aider à respirer, m'a répété Kathryn tout bas.

— Expliquez-moi comment va agir ce médicament sur le long terme, lui ai-je demandé pour comprendre combien de temps Norma gagnerait pour ces effets secondaires si pénibles.

Kathryn a été très patiente avec moi. Tim était assis à la table et écoutait sans participer tandis que nous parlions des différentes façons dont Norma pourrait s'éteindre, à quels symptômes nous devions nous attendre et comment nous pourrions la soulager.

— C'est rare de parler aussi ouvertement avec les familles, a-t-elle finalement admis.

On aurait dit une excellente élève qui craignait la réaction de ses parents à l'annonce d'une note moyenne.

— C'est plus rare que vous l'imaginez.

Kathryn était la deuxième infirmière à nous le dire, mais je ne comprenais toujours pas bien.

— Je suis surprise de l'entendre, ai-je répondu, me disant que beaucoup d'autres étaient sûrement plus forts que nous.

Je croyais que cette conversation était inévitable lors de l'admission d'un proche en soins palliatifs.

À la fin de la visite, j'étais décidée à parler à Norma du diurétique. Juste entre nous deux.

Le jour suivant, j'ai profité d'un moment de tranquillité avec elle pendant que Tim était dehors avec Ringo. Nous avons parlé de son « palpitant » et du peu de palpitations qu'il lui restait. J'ai répété ce que l'infirmière nous avait expliqué au sujet du liquide à l'intérieur de ses poumons, et comment elle en mourrait tôt ou tard. Le traitement dégagerait ses poumons pendant un temps, elle respirerait plus aisément et gagnerait quelques semaines. Mais en fin de compte, le mal reprendrait le dessus, et son heure allait bientôt venir.

— Je comprends, a-t-elle dit, le regard limpide, avec une remarquable lucidité.

Elle m'a pris la main, et j'ai posé mon autre main sur sa jambe gonflée.

— Reste à savoir si tu veux reprendre du furosémide pendant quelques jours pour te soulager un peu.

Je voyais Norma tenter d'articuler les mots justes.

Je me suis empressée de continuer :

— Tu n'as pas à répondre tout de suite. Je voudrais seulement que tu y réfléchisses. C'est ta vie, c'est toi qui décides. Quel que soit ton choix, nous le respecterons. Tout ira bien. Quoi que tu choisisses, nous avons les médicaments pour que tu nous quittes sereinement.

Elle restait silencieuse.

— Ça ira aussi pour Timmy, ai-je ajouté.

Elle a fermé les yeux délicatement.

— Ça ira pour moi. Et puis, mince, pour Ringo aussi.

Un autre moment de silence.

— On en reparlera demain, lui ai-je dit.

Elle a rouvert les yeux.

— D'accord.

Elle avait retrouvé son détachement habituel.

— Norma, tu es la personne la plus courageuse que j'ai jamais connue. Je croyais que c'était Stacy, mais j'ai changé d'avis, je crois que c'est…

Sans me laisser finir, elle m'a regardée dans les yeux.

— Je bois l'eau de Stacy.

Je savais exactement ce qu'elle voulait dire. Elle allait chercher sa forcc auprès de celle qui avait été pour nous comme un ange gardien, une héroïne.

Mon regard a soutenu le sien quelques instants. Le moment de clarté était venu. Elle se préparait pour une grande transition. Si Stacy avait pu le faire, Norma le pourrait aussi.

— J'aimerais savoir où trouver de cette eau. Tu peux me donner un indice ? ai-je murmuré.

— Il te faudra trouver toute seule.

Peu après, elle a dû aller aux toilettes. Et de ma voix la plus douce, j'ai chantonné :

— Mets un pied devant l'autre…

Nous sommes arrivées à la porte des toilettes, prises d'un fou rire.

La fontaine de Stacy coulait pour nous deux.

Ce soir-là, à 21 heures précises, nous avons tous les trois exécuté notre petit rituel de migration de l'avant du camping-car à la suite royale de Norma. Tim et moi l'avons aidée à se lever, et nous avons déroulé le long tube à oxygène pour ne pas l'écraser avec le déambulateur. Ringo a quitté le pied du lit pour regagner son petit coin à l'avant.

La chanson de la soirée était notre version de *Tequila*, le tube latino de 1958 chanté par les Champs. Elle souriait à chaque pas. Devant les portes coulissantes qui divisaient notre espace nocturne, ses hanches remuaient au rythme des battements de Tim. Nous riions aux éclats.

— Si on ne riait pas, on pleurerait ! a déclaré Norma entre deux hoquets.

Il n'y avait rien de plus vrai.

Nous nous sommes levés deux fois cette nuit-là pour aider Norma à aller aux toilettes et à remettre sa protection. Nous nous occupions de ses tubes à oxygène et de ses jambes qui devenaient de plus en plus chancelantes à chaque sollicitation.

*

Le lendemain matin, autour d'une omelette au crabe que Tim nous avait préparée, j'ai reparlé à Norma de sa décision.

— Tu te souviens de ce qu'on disait hier soir, à propos du médicament et du liquide dans tes jambes et tes poumons ?

— Oui, bien sûr. Je ne veux pas de médicament, a-t-elle annoncé.

L'arrivée de l'aide à domicile pour la toilette nous a interrompues.

— J'aimerais qu'on en parle un peu plus après ta douche, d'accord ? lui ai-je dit tandis que la porte de la salle de bains se refermait.

Il était important pour moi qu'elle comprît bien que son état empirait, et qu'il se pourrait qu'elle mourût plus tôt sans diurétique. Je voulais aussi lui faire savoir que nous la soutenions quoi que fût son choix.

Vingt-quatre heures après notre conversation difficile avec Kathryn, j'étais à nouveau au téléphone avec elle.

— Le médecin veut la remettre sous furosémide pendant trois jours, a-t-elle dit. Ensuite, on pourrait la mettre sous…

J'essayais désespérément de suivre et de noter tous les détails de la stratégie préconisée par le médecin. Les mots de Kathryn commençaient à me parvenir comme une série de sons inintelligibles. Elle a conclu en résumant chaque étape du traitement.

— Ou bien elle pourrait continuer sans diurétique, m'a-t-elle proposé.

D'après son ton de voix, c'était la mauvaise solution.

Mais j'avais vu le regard de Norma, et moi aussi, je buvais l'eau de Stacy. Une vague de courage et d'assurance s'est soulevée en moi.

— Kathryn, nous avons passé chaque minute de chaque jour avec Norma depuis que Leo est tombé malade en juin. Nous sommes certains que recevoir autant d'amour et de joie que Norma a pu en recevoir cette année est quelque chose de rare, surtout pour quelqu'un de son âge.

— Oui, c'est sûr.

— Nous n'avons aucun regret, rien n'a été passé sous silence. Si elle avait eu une liste, tout aurait été coché. Elle a toujours voulu mourir d'une mort naturelle, sans avoir à subir les effets secondaires de médicaments ou à être maintenue en vie artificiellement. Le concentrateur d'oxygène a déjà été difficile à accepter pour elle. C'est de Norma que l'on parle. Elle est en paix. Je vais encore lui parler pour être sûre, ai-je continué, mais je suis confiante : nous préférons nous abstenir de lui faire subir un traitement douloureux. Ce n'est ni mon choix ni celui de Tim, nous ne faisons que respecter ce qui est important pour Norma. Essayez de nous comprendre.

Kathryn comprenait. La peur du jugement et du questionnement de nos intentions s'est dissipée après cette conversation téléphonique. À partir de ce moment-là, l'infirmière a fait partie de la famille.

Tim et moi parlions dehors en cassant des noisettes quand, après la douche, Norma est venue à la porte du camping-car avec sa canne.

— Je peux sortir ?

Couché dans son petit coin sous la table, Ringo a levé la tête et remué la queue. Sa grande copine n'avait pas voulu mettre le nez dehors depuis une semaine. Nous étions tout aussi surpris. Nous l'avons aidée à descendre l'escalier sans encombre. Elle chancelait sur les marches, une main sur sa canne et l'autre fermement agrippée à la poignée.

Le sujet que je m'étais juré d'aborder avec Norma s'est présenté tout naturellement. Nous avons parlé des avantages et des inconvénients des différentes options. Sa vie touchait à sa fin, et l'une de ces alternatives pouvait lui accorder un sursis de quelques semaines.

— C'est ta vie, à toi de décider, lui ai-je répété. Tim et moi te soutenons quoi qu'il arrive. Tu comprends ce que je te demande ?

— Oui, je comprends. Je ne veux plus prendre le médicament. Qu'est-ce que vous en pensez ?

Elle m'a d'abord regardée.

— Ce que je pense n'a pas d'importance.

Norma a lentement tourné la tête en direction de son fils.

— Timmy, ça va aller ? Tu en penses quoi ?

Elle s'inquiétait pour Tim à qui elle demandait s'il acceptait son choix de mourir plus tôt que plus tard.

— Maman, c'est à toi de décider. Si tu me demandes ce que je pense de ton choix, je te répondrai que je le trouve sage. Nous ferons tout pour que tu sois bien. Je t'aime, Maman.

— Bon, pas de furosémide, alors, a-t-elle décrété.

Après quelques heures d'un soleil réparateur, les nuages ont fait leur apparition. Nous avons aidé Norma à remonter, puis nous avons papoté et plaisanté pendant que je l'installais dans son fauteuil. Je suis allée lui chercher quelque chose de sucré.

— Seigneur, attendez-vous à nous voir tous débarquer, même les clowns, a-t-elle soudainement dit en léchant sa glace à l'orange.

En cette journée pluvieuse, son rire a illuminé l'obscurité du camping-car tandis que son regard étincelant se posait sur nous, les « clowns ».

Ce soir-là, nous avons chanté *When the saints go marching in* et Tim a fait tourner Norma sur elle-même dans son fauteuil roulant. Elle gigotait, les mains en avant. Nous nous sommes laissé envelopper par un voile de soulagement. Il n'y aurait plus de décisions difficiles. Nous n'avions plus qu'à nous aimer et à nous dire adieu.

*

Avec chaque visite aux toilettes, les jambes de Norma fonctionnaient de moins en moins. Il fallait désormais lui faire parcourir les sept mètres qui la séparaient de l'arrière du camping-car assise sur son fauteuil. La nuit, elle s'est mise à utiliser ses protections – ses couches pour adulte, comme on les appelle moins dignement –, et nous étions tous les trois de plus en plus à l'aise avec ce qui, peu de temps auparavant, demeurait tabou. La dignité de Norma disparaissait lentement malgré nos efforts pour la préserver jusqu'à la fin.

Une fois, constatant que son pantalon était souillé, elle a lâché un petit « Oh ! », surprise par sa soudaine incontinence.

Au lieu de la réconforter et de lui dire que tout irait bien, je me suis exclamée :

— Ah, oui. Là, c'est vraiment le caca !

Mon filtre s'érodait de plus en plus vite, et avant même de me rendre compte de ce que je venais de dire à ma belle-mère, elle a ri :

— N'est-ce pas !

*

Je me disais toujours : « Norma adorerait ça ! » ou « Il faut que je lui montre ça. »

Nous savions désormais que plus jamais elle ne descendrait les marches du camping-car. Ses jambes faisaient grève, et le reste de son corps leur avait emboîté le pas. Pourtant je ne pouvais pas m'empêcher de vouloir lui montrer tout ce qui me touchait dans la vie de tous les jours.

Mark, notre ami du Mexique, était venu nous voir à San Juan pour nous offrir son soutien. Nous ramassions des noisettes dans le verger quand une toute petite grenouille verte a sauté sur ma main.

— Il faut que je la montre à Norma !

J'ai tout arrêté pour me précipiter dans le camping-car, minimisant ce que je faisais subir au pauvre batracien. Quand je suis arrivée devant le fauteuil de Norma, la grenouille a sauté sur elle. Si on s'était demandé à ce moment là si ma belle mère était encore en vie, on aurait eu notre réponse : elle a bondi quand la créature lui a sauté dessus, mais elle était en extase devant le petit « Freddy », qui a toutefois fini par prendre la fuite.

Le vent a apporté une fraîcheur que nous n'avions pas sentie depuis longtemps. Tout semblait en transition. Une après-midi, en allant faire des courses en ville avec Nan, j'ai été frappée par la couleur des feuilles qui changeait déjà. Sur le parking du supermarché, un jeune chêne a particulièrement attiré mon attention ; ses feuilles étaient d'un rouge éclatant, et chacune aurait pu recouvrir la petite tête de ma belle-mère.

— Je dois en ramasser quelques-unes pour Norma, ai-je lancé, en me disant de ne pas oublier de le faire en sortant.

Mais quand je faisais la queue à la caisse, l'infirmière a appelé. J'ai laissé mes provisions sur le tapis roulant, et j'ai complètement oublié les feuilles de chêne.

Mon cerveau zappait continuellement. Ma mémoire flanchait, mes mots étaient confus. Un épais brouillard semblait stagner dans ma tête. Comme Nan avait accompagné sa mère et sa belle-mère, je lui ai demandé si j'allais à nouveau fonctionner normalement.

— Oui, m'a-t-elle assuré. C'est normal.

Je m'étais à peine regardée dans le miroir pendant les dernières semaines. Quand je me suis enfin vue, j'ai découvert mes cheveux en bataille, des cernes inhabituels et des nouvelles rides. Un autre rappel que rien ne serait plus comme avant.

*

Nous nous étions installés dans un quotidien sans sommeil, d'allers-retours aux toilettes, de douleurs et de somnifères. La jambe gauche de Norma puis la droite l'avaient successivement abandonnée ; se lever si souvent était devenu trop difficile. Peu après, elle s'était mise à s'exprimer de moins en moins bien.

Nos rituels du coucher étaient de plus en plus tendres. Nous nous tenions la main sur son lit et, enveloppés dans le silence de la nuit, nous disions tout ce que nous avions sur le cœur. Nan et Steve avaient fini par se joindre à nous pour notre rituel musical du soir. Ils jouaient de vieilles chansons et des berceuses sur leur ukulélé, et nous chantions avec eux. Norma se souvenait toujours de ses préférées, et sa petite voix se joignait aux nôtres. Un soir, Tim leur avait dit : « Non. Je crois que c'est fini », et il leur avait gentiment demandé de nous laisser.

Ce soir-là, Tim et moi avions remercié Norma d'être ce qu'elle était, tout simplement. Nous lui avions dit que sa prochaine aventure serait aussi grande que celle que nous venions de vivre ensemble. Nous lui avions rappelé qu'en quittant le Michigan l'année précédente, elle ignorait ce que ce voyage allait donner, mais qu'elle nous avait tout de même fait confiance.

— On espère que tu as confiance pour le prochain, lui avais-je dit quand elle s'endormait.

Nous lui avions très soigneusement administré un antidouleur liquide au compte-goutte. D'habitude, elle s'endormait profondément peu après, alors nous lui avions dit : « bonne nuit », « on t'aime » et « adieu », au cas où. Tout devait être dit. Nous lui faisions imaginer qu'elle foncerait au Ciel dans Mister 2 ou qu'elle y monterait en flottant doucement en montgolfière. Les deux lui convenaient puisqu'elle avait légèrement souri en s'enfonçant dans le sommeil. Avant de quitter sa chambre, Tim avait ouvert une fenêtre pour permettre aux anges d'escorter sa belle âme.

Tim et moi nous étions installés à l'avant du camping-car devant la télévision pour nous distraire un peu. Presque une heure était passée quand Tim avait entendu Norma appeler de façon inintelligible.

— Quoi, maman ? avait-il dit en bondissant jusqu'à son lit. Tu as besoin de quelque chose ?

Nous peinions à comprendre ce qu'elle essayait de nous dire, sa bouche et ses cordes vocales fonctionnaient mal désormais. Je lui avais dit :

— Je suis désolée, Norma. J'ai du mal à te comprendre. Tu peux répéter ?

Nous étions graves, craignant qu'elle eût quelque chose de très important à nous dire. Son incapacité à parler rendait les choses difficiles. Chaque question ne faisait que rendre la situation plus confuse.

Soudain, je m'étais rappelé que l'humour jouait un rôle très important entre nous. Quand nous étions dépassés, nous trouvions toujours le moyen d'en rire. Ça arrive à tout le monde d'être dans le caca, non ? Je m'étais mise à parler sur le ton de la plaisanterie :

— Je sais ce que tu veux.

Les yeux fatigués de Norma semblaient dire : « Mon Dieu, je l'espère. Je ne pourrai plus jouer longtemps. »

— Tu veux que je chante ! m'étais-je exclamée sur un ton sarcastique.

À ma grande surprise, elle avait hoché la tête.

— C'est vrai ?

Un autre hochement de tête.

Alors j'avais chanté, encore et encore – plus d'une dizaine de chansons. J'avais chanté les vieux morceaux dont elle connaissait les paroles, ceux qu'elle pouvait encore chanter deux jours avant. J'avais chanté *When the saints go marching in*, *Oh, Susannah* et d'autres chansons traditionnelles.

Persuadée qu'elle en avait assez de m'entendre chanter faux, je lui avais demandé :

— Ça suffira ?

Elle avait secoué la tête cette fois, de gauche à droite.

— Tu veux que je continue ?

Encore un hochement de tête. Incrédule, je lui avais posé encore la question. La réponse était la même.

Alors, j'avais continué à chanter d'autres vieilles chansons et des gospels dont *This little light of mine,* l'un de mes préférés. C'est alors qu'elle avait enfin commencé à s'endormir.

Elle avait dormi encore trois jours. J'avais chanté trois nuits. La quatrième, elle avait bu « l'eau de Stacy » pour la dernière fois.

CHAPITRE 16

Se reposer

Basse-Californie, Mexique
Novembre et l'après

TIM

Durant notre voyage, Ramie et moi avions rapidement compris que ma mère ne serait pas prête à nous accompagner dans notre pèlerinage mexicain dès notre premier hiver sur la route. L'absence de confort et le choc culturel auraient été un peu trop rudes pour elle. Nous avions préféré passer trois merveilleux mois en Floride.

Mais au début du printemps, elle nous avait dit qu'elle aimerait y aller la prochaine fois. Peut-être ce revirement venait-il de ses rencontres avec nos amis de Basse-Californie, peut-être les requins-baleines d'Atlanta avaient-ils suscité en elle le désir de les observer dans leur milieu naturel ou peut-être voulait-elle voir de ses propres yeux ce coin de plage que nous appelions notre « chez nous ».

Sachant qu'il serait impossible de lui apporter le confort nécessaire, j'avais prévu de louer une petite maison à Posada Concepción. Nous y aurions trouvé des conditions de séjours cinq étoiles : eau courante, toilettes et électricité douze heures par jour grâce au petit générateur diesel du village – tout ce qu'il lui fallait pour son bien-être. Nous avions aussi récupéré son passeport lors de notre passage à Presque Isle en juillet.

Après avoir tout organisé, j'attendais avec impatience le moment où ma mère serait venue à la plage avec nous. Je rêvais souvent aux bons moments que nous aurions passés sur nos planches à rame avec elle. Elle était bien sûr trop âgée et n'avait pas l'équilibre nécessaire pour tenir debout, alors j'imaginais son petit corps assis sur la large planche, les pieds de part et d'autre. J'aurais vu se dessiner son fameux sourire sur son visage, tandis que nous aurions flotté sur les eaux limpides de la baie de Concepción. Plus tard dans la journée, j'aurais préparé mes fameuses margaritas, avec de la liqueur de damiana à la place du triple sec, et nous aurions trinqué à notre voyage. Nous nous serions assis sur la terrasse jusqu'au coucher du soleil derrière les montagnes, profitant d'un autre moment extraordinaire.

Au lieu de cela, les cendres de ma mère ont été scellées dans une urne que nous avons soigneusement rangée sous son lit, et Ramie et moi avons pris la direction du sud-ouest des États-Unis. Ringo, qui était monté dans le corbillard avec le cercueil, avait refusé de descendre. La nuit, il a continué à se blottir au pied du lit de sa grande amie ; sa tristesse était manifeste. Nous embarquions maintenant pour une nouvelle aventure : apprendre à voyager avec notre chagrin et à lever le camp pour continuer la route sans elle.

Nous allions laisser le camping-car en Californie pour l'hiver, et continuer notre chemin vers la frontière en voiture. Avec tout ce qu'il y avait à régler avant de partir, nous avons dû laisser les affaires de ma mère telles quelles pour nous en occuper à notre retour, le printemps suivant. Mais il y avait tout de même un tiroir qu'il nous fallait absolument explorer : sa « cache d'écureuil ».

Quand ma mère recevait des souvenirs, de petits cadeaux ou des gages d'affection, elle allait dans sa chambre et les cachait pour plus tard, comme le fait un écureuil avec sa nourriture. C'était devenu une blague entre nous. Si nous lui demandions où se trouvait quelque chose d'important, elle disait : « j'ai dû le mettre dans ma cache d'écureuil ». Elle laissait toujours échapper un petit rire quand elle parlait de sa cachette. Dans son tiroir plein à craquer, il y avait tous ses trésors : son pin's et son bracelet de la Saint-Patrick à Hilton Head, un quartz rose qu'elle avait reçu en cadeau dans le Dakota du Sud, des coquillages trouvés sur l'île de Sanibel ou encore un porte-clefs avec une botte L.L. Bean miniature.

Dans un coin, nous avons trouvé la poupée à tête de melon fabriquée par Dwight, un agent d'entretien d'un camping où nous avions séjourné en Floride. Il était venu nous voir un matin en tant que « Mister Jamaïque », son alter ego. Il nous avait donné cette poupée en bois à l'effigie de ma mère, avec sa chevelure de laine grise, pour lui témoigner son affection. C'était notre dernière soirée là-bas. Nous avions tous été surpris par ses dreadlocks, d'habitude cachées sous son grand bonnet noir qu'il portait toujours au travail ; elles étaient d'une longueur extraordinaire et touchaient le sol. Il s'était assis en face de ma mère et avait joué de la guitare, chantant des airs de reggae comme si Ramie et moi n'étions pas là.

— Votre voyage m'a touché. Merci, lui avait-il dit avant de partir.

Presque au fond du tiroir, nous avons trouvé un gros pin's rond représentant Mickey Mouse et Dingo avec les mots « première visite » gravés dessus. Comment oublier cette journée de janvier au parc EPCOT à Disney World ? Je l'avais poussée à travers ce que l'on qualifie souvent d'« exposition universelle permanente », un parc divisé en deux parties : Future World avec ses huit pavillons consacrés aux technologies du futur, et World Showcase, dédiée à onze nations.

À la fin de l'attraction Spaceship Earth, ma mère et moi avions créé un petit dessin animé dont les personnages principaux arboraient nos visages en photo. Nous voyagions dans une soucoupe volante capable de se transformer en sous-marin. Même s'il n'y avait pas de son, nous l'avions publié sur notre page Facebook pour le plaisir des abonnés qui désiraient voir ma mère en vidéo. Cela nous fait toujours rire Ramie et moi de lire les articles qui racontent que nous avons voyagé non seulement à travers les États-Unis mais aussi en Allemagne et en Chine. Les gens de chez Disney ont créé une atmosphère internationale très crédible puisque nous avons réussi à tromper notre petit monde.

Dans un petit sac en velours caché sous des dessins d'enfants, nous avons trouvé le jackpot : trois petites fioles contenant de minuscules pépites d'or suspendues dans de l'eau. Ramie et moi avons remarqué que deux des fioles nous appartenaient ; un petit écureuil avait dû s'en emparer !

— Je me demandais où était passée la mienne ! a dit Ramie en riant.

Nous nous sommes rappelé avec tendresse le jour d'avril où nous avions trouvé ces échantillons à la mine d'or de Dahlonega, en Georgie. Acceptant l'invitation de Dathan, le gérant de la mine, nous avons eu droit à une visite privée des galeries et une chance de trouver une pépite du précieux métal. Je n'oublierai jamais la détermination de ma mère à descendre toutes les pentes et les marches sur les huit cents mètres que nous avons parcourus. Même quand nous étions à plus de cent mètres de la surface, elle ne se décourageait pas, s'asseyant de temps à temps sur la chaise pliante que Dathan avait gentiment apportée. C'était une vraie passionnée de géologie, et cette expérience dans la mine m'avait rappelé les week-ends que nous passions en famille à chercher des fossiles dans la carrière de calcaire à côté de chez nous.

Nous avons aussi retrouvé le petit carnet à spirales qui lui servait de journal. Elle en avait recouvert les pages de son écriture délicate pour consigner ses notes de voyage. Ramie et moi l'avions vue gribouiller sans jamais chercher à le lire, et elle ne nous y avait jamais invités non plus. Revoir son écriture m'a mis la larme à l'œil.

— Gardons-le pour le Mexique, a suggéré Ramie, c'est trop frais.

J'étais du même avis.

Nous avons placé le journal dans un endroit sûr avant de partir pour le Sud.

*

Il était tôt quand nous avons traversé la frontière mexicaine ce mardi-là. Nous avions hâte de descendre l'autoroute jusqu'à nos quartiers d'hiver au bord de la mer de Cortez. Avec ses 1 300 kilomètres, la péninsule de Basse-Californie est la deuxième plus longue du monde, et il nous fallait en parcourir les trois quarts pour atteindre notre destination. La route à deux voies offrait une vue spectaculaire à presque chaque virage tandis qu'elle serpentait le long des montagnes et des volcans éteints qui forment la colonne vertébrale de la péninsule.

À chaque fois que nous ralentissions pour franchir les *topes* – les dos-d'âne – à l'entrée et à la sortie des villages que nous traversions, je me demandais ce que ma mère aurait pensé de ce que nous pouvions voir par la fenêtre. Aurait-elle eu pitié des gens qui mendiaient au bord de la route ? Aurait-elle voulu s'arrêter pour leur donner quelques pesos ? Les nouveaux paysages, les sons et les parfums auraient-ils été trop exotiques pour elle ? Je ne le saurai jamais.

Le désert de Vizcaino était la dernière étendue de hauts plateaux avant la descente jusqu'à la côte est de la péninsule. Il a fallu rouler lentement dans la ville minière de Santa Rosalia, qui se remettait encore du dernier ouragan ; nous avons zigzagué entre d'énormes nids-de-poule en passant devant des véhicules froissés, encore ensevelis parmi les débris d'un glissement de terrain. Nous approchions maintenant de la dernière ligne droite avant d'arriver sur notre petit bout de paradis.

Le village de pêcheurs de Mulegé est là-bas notre seul lien avec la civilisation. Au fil des années, Ramie et moi avons établi des relations avec beaucoup de ses 3 200 habitants, dont certains sont devenus nos amis. Nous nous y arrêtons toujours à notre arrivée pour faire le plein de provisions avant de parcourir les derniers kilomètres jusqu'à la baie de Concepción. Ce jour-là ne faisait pas exception. Un gros *tope* devant le stand de tacos de Mario nous a encouragés à nous arrêter dans son parking. Nous avons salué notre ami et savouré une assiette de tacos au poisson qu'il avait pêché ce matin-là. Assis à l'ombre d'un ficus géant, j'ai ressenti de la tristesse.

— Maman aurait adoré ça, ai-je dit à Ramie en croquant les radis frais.

Ramie m'a juste pris la main, et nous avons respiré profondément.

Dans la rue principale du village, nous avons croisé Adolfo en train de balayer le trottoir devant son bric-à-brac familial. Quand il nous a reconnus, il nous a adressé un grand sourire en nous saluant.

— *Hola, amigos !* a-t-il crié. Quelle couleur ? Combien ? C'est presque donné !

C'était bon d'être de retour dans ces rues étroites à sens unique. Nous avons rabattu les rétroviseurs de la Jeep.

Comme d'habitude, il a fallu se rendre dans presque chaque boutique pour trouver tout ce dont nous avions besoin. Mon espagnol me revenait rapidement, et je parlais aux caissiers et aux gens que nous croisions dans la rue.

Après avoir rempli plusieurs bonbonnes de vingt litres d'eau potable, nous avons continué notre route. Même en venant dans la région depuis les années 1990, j'étais toujours émerveillé par la vue du haut de la colline quand toute la baie de Concepción est apparue devant nous : des plages de sable blanc sur toute la côte ouest, des eaux turquoise parsemées d'une multitude de petites îles. Une vue époustouflante.

Nous avons garé la voiture devant la petite maison verte que nous allions habiter tout l'hiver. Elle se trouvait à quelques pas de la mer. Après être entrés par les portes coulissantes, nous avons regardé autour de nous. L'absence de ma mère s'est faite pesante quand nous avons vu les deux chambres et jeté un coup d'œil à la douche. Que faire de tout cet espace ? La seconde chambre, celle où aurait dormi ma mère, avait des lits superposés. Ramie et moi avons ri en l'imaginant grimper sur celui du haut, juste parce qu'il était là. J'ai monté la petite échelle pour m'y allonger ; une vague de souvenirs de l'année écoulée a déferlé dans mon esprit.

— Je n'arrive toujours pas à croire que nous lui avons fait faire de la tyrolienne, ai-je lancé en imaginant ma mère descendre du lit par ce moyen pour se rendre dans la salle de bains.

Elle était montée sur l'engin suspendu entre deux arbres en Caroline du Nord.

— Et la matinale d'NBC avait tout filmé. Incroyable !

— C'était le jour où elle est montée à cheval pour la première fois, a ajouté Ramie. Je n'oublierai jamais quand les moniteurs lui ont dit de se tenir droite sur la selle et de mettre les épaules en arrière.

— Ne m'en parle pas.

Nous avions tous deux failli hurler : « Mais elle ne peut pas se redresser ! » de l'autre bout du manège, mais elle avait miraculeusement réussi. J'ai pleuré au souvenir de cet exploit. Les larmes coulaient sans crier gare désormais.

Nous sommes tous deux tombés d'accord sur le fait que ma mère aurait adoré les vraies toilettes et la déco « coquillages et poissons tropicaux ». Elle aurait tenu salon sur l'une ou l'autre des terrasses, goûtant l'admiration d'inconnus devenus des amis, de gens qui, peut-être sans même s'en rendre compte, auraient très vite été profondément touchés par sa joie de vivre. Elle aurait aussi collecté encore bien d'autres objets à mettre dans son tiroir.

*

C'était un nouvel environnement pour nous ; notre élément était à quelques kilomètres au sud, sur les plages sans constructions. Nous espérions nous sentir aussi à l'aise au sein de la communauté de maisons en dur qu'avec celle de la plage que nous fréquentions depuis des années. Le temps nous le dirait.

Durant ma première nuit dans ce nouveau lit, ma mère, mon père et Stacy ont fait irruption dans mes rêves. Stacy était la seule à parler, pour ainsi dire.

— Eh ! Timmy, regarde ça, me disait-elle, papa et moi avons déjà appris à voler à maman. Elle apprend vite !

Ma famille semblait très heureuse, et je commençais aussi à voler, comme il m'arrive souvent de le faire dans mes rêves.

— Qu'est-ce que tu fais ? me demandait Stacy sur un ton de reproche. Je croyais que ce n'était que pour les morts.

Nous continuions à voler ensemble pendant un moment jusqu'à leur disparition dans les cieux. Au réveil, je me suis senti rempli d'amour comme jamais. En percevant peu à peu le clapotis des vagues à travers la fenêtre ouverte, je gardais une lucidité pleine d'inspiration. J'avais compris que le voile entre nos deux mondes était très fin et que l'énergie de ceux que nous aimons n'est jamais loin. J'étais sûr de pouvoir surmonter ma peine.

*

Nous avons toujours trouvé la paix dans nos matinées mexicaines. Nous lever avant l'aube pour faire du kayak vers le soleil levant était un rituel quotidien que nous avions hâte de retrouver. Le premier jour, la discipline de Ramie m'a poussé à l'imiter. À 8 heures, nous avions déjà fait le tour d'une île à presque deux kilomètres au large. Nous nous sommes arrêtés pour observer un balbuzard plonger vers son petit déjeuner.

L'eau était calme, dorée et éclatante, tandis que le soleil émergeait derrière les montagnes de la péninsule à l'est de la baie. Trois dauphins sont passés à côté de nous. La pluie et la brume de la côte nord du Pacifique n'étaient qu'un lointain souvenir.

Puis nous l'avons entendu. Le son de la cornemuse. « Amazing grace » vibrait dans l'air au-dessus de l'eau lisse. Cessant tous deux de pagayer, nous avons commencé à pleurer. Nos larmes ont coulé pendant les cinq minutes que durait la chanson. C'était Garry qui la diffusait avec ses haut-parleurs devant sa paillote. Il le faisait tous les jours avant d'annoncer la météo et les marées sur les ondes courtes. Ce jour-là, on aurait dit que la cornemuse résonnait juste pour nous.

Notre grisante sortie du matin a été suivie par un petit déjeuner rapide, constitué de *tamales* frais que Luli nous a apportés sous une serviette chaude et humide pour en garder la fraîcheur. Ensuite, nous avons emmené Ringo faire une longue promenade sur un sentier de l'autre côté de la route. De tout en haut, nous pouvions voir les baies environnantes et les campings de plage, déserts pour la plupart car la saison venait à peine de commencer. Nous avions hâte de retrouver nos amis qui allaient arriver les uns après les autres, au cours des jours, des semaines et des mois à venir.

Cette première matinée nous avait fait du bien. C'était un soulagement de sentir que la vie commençait – pouvait commencer – à reprendre son cours. Et pourtant je savais que rien ne serait plus jamais pareil. Nous venions de vivre l'année la plus incroyable de notre existence. Comment allions-nous passer à autre chose après cette expérience qui nous avait transformés, après la mort de ma mère que je venais d'apprendre à connaître – à vraiment connaître ? Je ne pouvais m'empêcher de m'interroger. Retrouverais-je la sérénité que j'avais ressentie après mon rêve, et me souviendrais-je qu'il ne sert à rien d'essayer de tout comprendre ? J'ai fini par prendre conscience que j'avais juste besoin de vivre le moment présent, comme ma mère l'avait fait.

L'après-midi, la température montait, alors la priorité de Ramie était de « nager dans le bleu », comme le dit notre amie Glenna. Cette Canadienne de près de quatre-vingts ans ne rate jamais une occasion d'aller nager dans les eaux paradisiaques de la baie. Elle avait inspiré Ramie à en faire autant.

Tandis qu'elles profitaient de l'eau, j'accrochais notre énorme hamac du côté sud de la maison. Quand Ramie rentrait de sa séance de natation, elle venait s'allonger auprès de moi. Son corps me rafraîchissait dans la chaleur de la fin d'après-midi. Les hauts et les bas de l'année passée nous avaient tous deux marqués, et nous étions épuisés. Avec Ringo qui se refroidissait le ventre sur les pierres de la terrasse en dessous de nous, nous nous endormions jusqu'au dîner. Enfin, nous respirions profondément.

*

Après quelques semaines de cette routine, de retrouvailles, et de siestes – beaucoup de siestes – nous étions prêts à nous plonger dans le journal de ma mère. Nan et Steve, ainsi que Mark, étaient arrivés, et nous les avons invités à dîner dans notre *casita*. Il n'y aurait que nous cinq, ceux qui avaient été présents à Friday Harbor jusqu'au dernier souffle de ma mère. Nous étions un groupe soudé par une expérience extraordinaire ; nous étions tous prêts à nous remémorer ma mère et à lire son journal à voix haute, en mangeant des tacos au poisson et en sirotant des margaritas.

Ramie a commencé la lecture. Je me suis installé confortablement pour écouter les mots de ma mère.

Dimanche 29 novembre. Un peu nuageux. Visite du musée de la Seconde Guerre mondiale. Ils m'ont accueillie comme s'ils m'avaient toujours connue. J'ai serré la main de beaucoup de gens. On m'a remerciée pour mon engagement.

— Il me semble que pendant cette visite à La Nouvelle-Orléans, ta mère se soit laissé complimenter pour son engagement militaire pour la première fois, a dit Ramie après avoir lu le passage.

De mon point de vue, c'était vrai. Je ne l'avais jamais vue aussi fière que ce jour-là. Elle faisait partie d'une génération d'anciens combattants presque éteinte qui ne cherchaient pas les honneurs pour leurs sacrifices.

C'était mon tour. J'ai tourné quelques pages pour trouver quelque chose qui me parlait :

Vendredi 4 mars. On a eu un orage hier avec de la foudre et des éclairs. Aujourd'hui, il fait froid et humide. Seulement 10 °C ce matin. Je suis allée faire ma balade. Tim et Ramie ont décidé de manger un hamburger pour le dîner, alors on est allés au restaurant. On a rencontré le propriétaire, Big George. Très big, très gentil. On a pris des photos. J'ai eu droit à une orchidée sur mon assiette. J'ai mangé du crabe, des asperges et des champignons. Très bon. Pour le dessert, on a mangé du gâteau au chocolat et au caramel. C'était gratis ! J'ai dit à Tim : « Vous êtes bien contents de m'avoir, hein ? »

Nous avons tous éclaté de rire.

— J'adore comment elle décrit Big George, a dit Nan.

Nous avons tous hoché la tête en riant.

Je suis revenu sur l'avant-dernière ligne.

— Ma mère aimait bien les trucs gratuits, c'est sûr ! Elle adorait nous dire qu'on était bien content de l'avoir emmenée, ai-je ajouté un sourire aux lèvres, repensant à toutes ces fois où elle nous avait taquinés avec ça.

Nous nous sommes passé le carnet bleu dans le sens des aiguilles d'une montre. Nan a fait une pause, lisant une page pour elle-même. Puis elle nous l'a lue joyeusement :

Mardi 22 mars. Temps frais et ensoleillé. On va à Charleston aujourd'hui jusqu'à jeudi. Il nous a fallu deux heures pour y arriver. Nous séjournons dans le meilleur hôtel de la ville. Je suis dans la SUITE PRÉSIDENTE : un salon avec une table à manger pour 8 à 12 personnes, un bar, une salle de bains, une chambre, un dressing, une autre salle de bains avec une douche et une baignoire. Ramie et Tim ont leur propre chambre au même étage avec Ringo. On a bu un verre de champagne quand on est arrivés. On mange tout le temps.

— C'est drôle qu'elle ait écrit « présidente », a dit Nan.

Ma mère avait de toute évidence été très impressionnée par l'hôtel à Charleston. J'ignorais si le jeu de mot était volontaire, mais j'ai ri quand même.

Nan a passé le journal à Steve :

Dimanche 15 mai. Temps nuageux et froid. On va sur le parking de L.L. Bean. Changement de programme, on est allés dans un camping pour jeter les ordures et faire la lessive. On s'est fait escorter par la police avec les gyrophares et les sirènes. Beaucoup de voisins sont venus dire au revoir.

— Attendez. Il faut que je lise le jour d'après.

Un mot avait attiré l'attention de Steve.

Lundi 16 mai. Il fait froid aujourd'hui. On est dans le Maine, à Freeport. On va sur le parking de L.L. Bean. Je suis allée au magasin et j'ai acheté des choses. Une nouvelle veste, un pantalon beige et une nouvelle blouse pour le Mexique. On est retournés au camping. Il fait trop froid pour se balader.

— Elle avait vraiment envie de venir, ai-je dit en retenant mes larmes. Mark, c'est à toi.

Prenant le carnet des mains de Steve, je l'ai passé à Mark, en essayant de ne pas pleurer.

Mark s'est éclairci la voix et a tourné les pages de façon théâtrale.

Dimanche 27 septembre. Temps calme. On est allés à Boulder pour retrouver Suzanne. Ensuite, on est allés chez le fabricant de thé Celestial Tea. On a visité, très sympa. Ramie m'a prise en photo avec le gros ours en peluche. On a visité Boulder avec Tim qui a poussé mon fauteuil. On s'est arrêtés dans une boutique de marijuana. Ce n'est pas une blague ! On a acheté de la crème pour ma jambe et on est rentrés.

Une vague d'hilarité a envahi le petit salon.

— Elle est trop drôle. Je me demande si elle parle du cannabis ailleurs, a dit Ramie.

J'ai repensé à ce jour d'automne dans les Rocheuses, quand les murs entre nous avaient commencé à tomber.

Ma mère était une femme simple ; son journal était concis. Il consistait en des phrases sobres décrivant ses journées et quelques réflexions. Elle avait tout consigné, de notre immobilisation au pont Mackinac à sa première pédicure, du moment où elle a touché une pierre lunaire à Cap Canaveral au soir de la finale du Super Bowl où nous avions veillé tard et mangé des wings épicées et des crevettes cocktail.

Au fil de notre lecture, nous avons ri, pleuré et nous nous sommes remémorés les grands moments comme le vol en montgolfière, mais aussi les petits – la météo, ses lectures ou Ringo qui posait son menton sur ses genoux quand nous partions en voiture dans les montagnes.

Nous nous étions souvent demandé si nous en faisions assez pour elle. Certains jours avaient été formidables, mais d'autres n'avaient pas eu grand intérêt. Grâce à son journal, nous découvrions la joie qu'elle avait trouvée dans les petites choses : les séances de coiffure, les visiteurs, un lapin sur la route, un puzzle avec Ramie ou l'achat de cartes postales qu'on envoyait dans le Michigan.

Ramie a lu une autre page.

— Tu te souviens de ça, Timmy ? C'était le jour où nous avions commandé du homard.

Mardi 24 mai. Éclaircies 15 °C. Tim et Ramie sont allés faire une longue balade. Ils sont revenus et j'ai fait une petite promenade pas loin. Avant le dîner, Tim nous a fait un bon feu et préparé du homard.

Quand on pensait aux derniers jours de mon père, tout ce que nous avons pu faire pour ma mère était infiniment mieux que ce qu'il avait vécu à l'hôpital. Rien que se promener, s'asseoir au coin du feu et manger du homard dans des assiettes en carton paraissait fantastique comparé à l'alternative.

— Timmy, écoute, a lancé Ramie quand son tour est venu.

10 septembre. Il fait froid et tout devient jaune à Aspen. On est partis à 10 h pour le lac Jenny. Il y avait du monde, il a fallu attendre. J'ai eu une place à l'arrière du bateau. J'ai dû enlever mon chapeau sinon je l'aurais perdu à cause du vent. Un gentil monsieur nous a parlé des montagnes autour du lac. Quand on est revenus, on s'est baladés le long de la rive et on a déjeuné près de l'eau. On est allés faire les courses à Jackson Hole et on est rentrés à la maison. J'ai vu un gros troupeau de bisons et quelques antilopes. Tout le monde est fatigué, alors on se boit une bière.

— Dès le mois de septembre, elle parlait du camping-car comme de la « maison », a dit Ramie. J'espérais bien qu'elle se sentirait chez elle.

C'était au tour de Nan. Elle a pris le journal, tourné quelques pages et s'est arrêtée presque à la fin :

Jeudi 9 juin. Temps ensoleillé, 14 °C. Il a fait froid hier soir. On va à Pittsburgh aujourd'hui. Patti est venue nous chercher. J'ai vu beaucoup de choses. On est allés à droite & à gauche. On a mangé des biscotti et du pop-corn au caramel. On a déjeuné et on est rentrés. Environ 10 h. Ringo est tombé malade & Ramie & Tim ont dû l'emmener chez le vétérinaire. Son estomac était tordu. Il a fallu l'opérer. Ça s'est bien terminé. Ce soir il y avait la Coupe Stanley.

— C'est une blague ? s'est exclamée Ramie en me regardant.

Nous n'en croyions pas nos oreilles. Jusqu'à présent, les notes de ma mère correspondaient à nos souvenirs. Mais pas celle-ci.

— Elle a vraiment écrit que tout allait bien ? Tout allait mal cette nuit-là.

Ramie a donné sa version, en soulignant les différences avec celle de ma mère : notre nuit blanche, la peur, l'angoisse, la terreur.

Elle a ensuite pris le journal pour lire en silence ce que ma mère disait de l'opération de Ringo.

— C'est l'illustration de sa plus grande aptitude à positiver par rapport à nous, a finalement dit Ramie. C'est vrai, tout allait bien. Comment le savait-elle ?

Quelques instants plus tard, Steve avait trouvé la page qu'il semblait chercher.

— Voilà. L'autre arbre.

Vendredi 25 mars. Aujourd'hui, je me suis fait couper les cheveux. J'en avais besoin. Cet après-midi, on est allés à Bluffton, on a rencontré beaucoup de gens, dont le maire, et on a planté un gainier rouge en l'honneur de Leo. C'était pour tous les arbres que Leo avait plantés dans sa vie. On s'est arrêtés dans un centre commercial, et j'ai acheté des nouveaux vêtements.

— Ma mère et ses nouveaux vêtements, ai-je dit en riant. Elle ne ratait pas une occasion de soigner son style. On avait fait du shopping avant de planter l'arbre, parce qu'elle savait qu'elle allait passer à la télé.

— C'était le jour le plus émouvant de notre voyage, a ajouté Ramie. Cet arbre sera toujours là, comme l'érable qu'on a planté pour elle à Friday Harbor dans le parc Overlook.

— C'est formidable que ces arbres soient chacun à une extrémité du pays, en Caroline du Sud à l'est et dans l'État de Washington au nord-ouest, a ajouté Nan. Ils sont comme les pieds d'une arche symbolisant l'amour, la joie et l'aventure, et qui sera préservé pour toujours.

— L'énergie de Norma continue à exister grâce à ces deux arbres, a ajouté Mark pour qui son lien avec la nature primait sur tout. Ils seront comme un repère spirituel pour beaucoup de gens.

— Tu as raison, ai-je dit. Il y a déjà des gens qui viennent de partout pour voir ces arbres. Ils nous envoient des photos et les publient sur Facebook. Ils les cherchent. Il paraît qu'ils ont déjà survécu à de grosses tempêtes, et on a même reçu un message d'un employé d'une maison de retraite au Royaume-Uni qui a voyagé jusqu'au parc DuBois de Bluffton pour voir l'arbre de mon père pendant ses vacances en Caroline du Sud. Incroyable. La portée et la profondeur de l'histoire de ma mère nous dépassent parfois. Ces arbres perpétueront l'esprit de mes parents. C'est un point d'ancrage, un repère, comme l'a dit Mark. Nous sommes tellement reconnaissants de l'amour et de l'hospitalité incroyables que nous avons reçus.

*

Toute sa vie, Stacy avait vu les choses ainsi : elle allait prendre sa retraite à cinquante ans, acheter un petit haras près d'Asheville, en Caroline du Nord, et une maison avec une dépendance pour mes parents qui auraient chacun leur rocking-chair sous le porche. Ils auraient vécu auprès d'elle. Elle aurait pris soin d'eux. C'était décidé.

Mais Stacy nous a quittés. Elle est morte à quarante-quatre ans d'un cancer de la langue.

Ce que sa mort m'a enseigné par-dessus tout, c'est que la vie est courte. On peut répéter ces mots indéfiniment sans en saisir vraiment la portée. La réalité, c'est qu'aucun de nous ne sait combien de temps il lui reste à vivre – ou pas. Quelqu'un comme ma mère aura beau être promis à une mort certaine, on sera peut-être surpris du temps qu'il aura vécu en définitive. Quelqu'un d'autre aura remis à plus tard les joies de la vie pour être finalement fauché bien trop tôt, bien avant que ses rêves ne se réalisent.

C'est une évidence, mais c'est vrai : tout ce qu'on a, c'est le moment qui se déploie devant nous. Et peu importe où nous sommes, ce moment présent peut être rempli de beauté, de joie, d'amour et de possibilités. Ma mère en était la preuve vivante.

Pendant notre séjour au Mexique, Ramie et moi avons lu tout son journal. Finalement, ce qu'il avait de plus remarquable n'était pas ce qu'il disait, mais ce qu'il taisait. Pas un mot sur le cancer ou la notoriété – les deux grands thèmes de l'aventure pour nous. Elle n'avait rien écrit sur ses passages à la télévision ni sur les gens qui la reconnaissaient dans la rue ; rien sur la peur de mourir ou la maladie. Au lieu de ça, elle a parlé de la vie et de ses petits bonheurs : un fauteuil roulant solide et quelqu'un pour le pousser, une chèvre et son cabri, des cookies et des biscuits au chocolat et à la menthe, une permanente bien faite, un bonnet de père Noël, un nouveau savon, un bon plat à savourer en famille, les amis et son éternel acolyte, Ringo.

Ma mère attirait à elle ce qui l'habitait déjà : la joie engendre la joie, l'amour engendre l'amour, et la paix engendre la paix. Avec chaque sourire, chaque facétie, chaque point sur la carte, nous avons tant appris d'elle. Je suis si reconnaissant d'avoir su saisir la chance de connaître ma mère. En fin de compte, elle m'a appris à dire *Oui !*

REMERCIEMENTS

Parfois dans la vie, ce sont les coïncidences qui décident.

Colleen Martell avait perdu sa grand-mère adorée depuis peu quand elle est tombée sur notre page Facebook *Driving Miss Norma*. Elle aussi nous a envoyé un message touchant pour nous raconter son chagrin. Mais ces quelques mots allaient changer notre vie. Colleen sait reconnaître une bonne histoire. En nous encourageant à coucher la nôtre sur papier, elle est devenue notre éditrice, notre mentor, notre coach et notre supportrice pendant l'écriture de ce premier livre. Elle ne s'attendait probablement pas à devenir aussi notre thérapeute et notre confidente, à pleurer avec nous pour les derniers chapitres et les derniers moments de Norma.

Nous ignorions quel était le rôle d'un agent littéraire jusqu'à ce que l'on nous présente l'une des meilleurs. Stephanie Tade a été notre inspiratrice en chef, elle nous a convaincus que le monde avait besoin de lire notre histoire. Tandis que nous arpentions avec elle les rues de New York de maison d'édition en maison d'édition, nous avons découvert le monde du livre et appris le rôle que jouent la passion et la foi dans la marche des choses. Même si nous nous lancions dans l'inconnu, il n'a jamais fait aucun doute que nous étions entre les mains du meilleur agent du monde.

Des milliers de gens nous ont écrit pour nous dire que notre histoire devait être racontée, mais c'est Julia Pastore de chez HarperOne qui nous a dit : « Ils ont raison. » Julia nous a donné le courage de prendre le stylo. Sa finesse, sa compassion et ses commentaires nous ont guidés tout au long de l'écriture. Nous la remercions pour cela et pour son enthousiasme à toute épreuve.

Sans ces femmes, ce récit n'existerait pas. Et sans les centaines de milliers de fans de Norma, il n'y aurait pas eu d'histoire à raconter. Les liens que nous avons créés sur notre page Facebook sont allés bien au-delà de ce que nous aurions pu imaginer. Nous recevons toujours des messages de soutien et d'encouragement, et quelques invitations à partager une bière et une part de gâteau. Lors des meilleurs moments, nos nouveaux amis volaient avec nous, et lors des moments difficiles, ils étaient aussi à nos côtés. L'amour que nous avons reçu du monde entier nous a transportés de façon inouïe, et nous en sommes éternellement reconnaissants.

Table

Le Livre de Poche s'engage pour
l'environnement en réduisant
l'empreinte carbone de ses livres.
Celle de cet exemplaire est de :
350 g éq. CO_2
Rendez-vous sur
www.livredepoche-durable.fr

PAPIER CERTIFIÉ

Composition réalisée par NORD COMPO

Achevé d'imprimer en mai 2023 en Espagne par
BLACKPRINT
Dépôt légal 1re publication : juin 2023
LIBRAIRIE GÉNÉRALE FRANÇAISE
21, rue du Montparnasse – 75298 Paris Cedex 06